ANDRÉ DUFLOS

A LA MÉMOIRE DES CUIRASSIERS A PIED

PRÉFACE DE M. BINET VALMER

PARIS

JOUVE & Cⁱᵉ, ÉDITEURS

15, RUE RACINE

1919

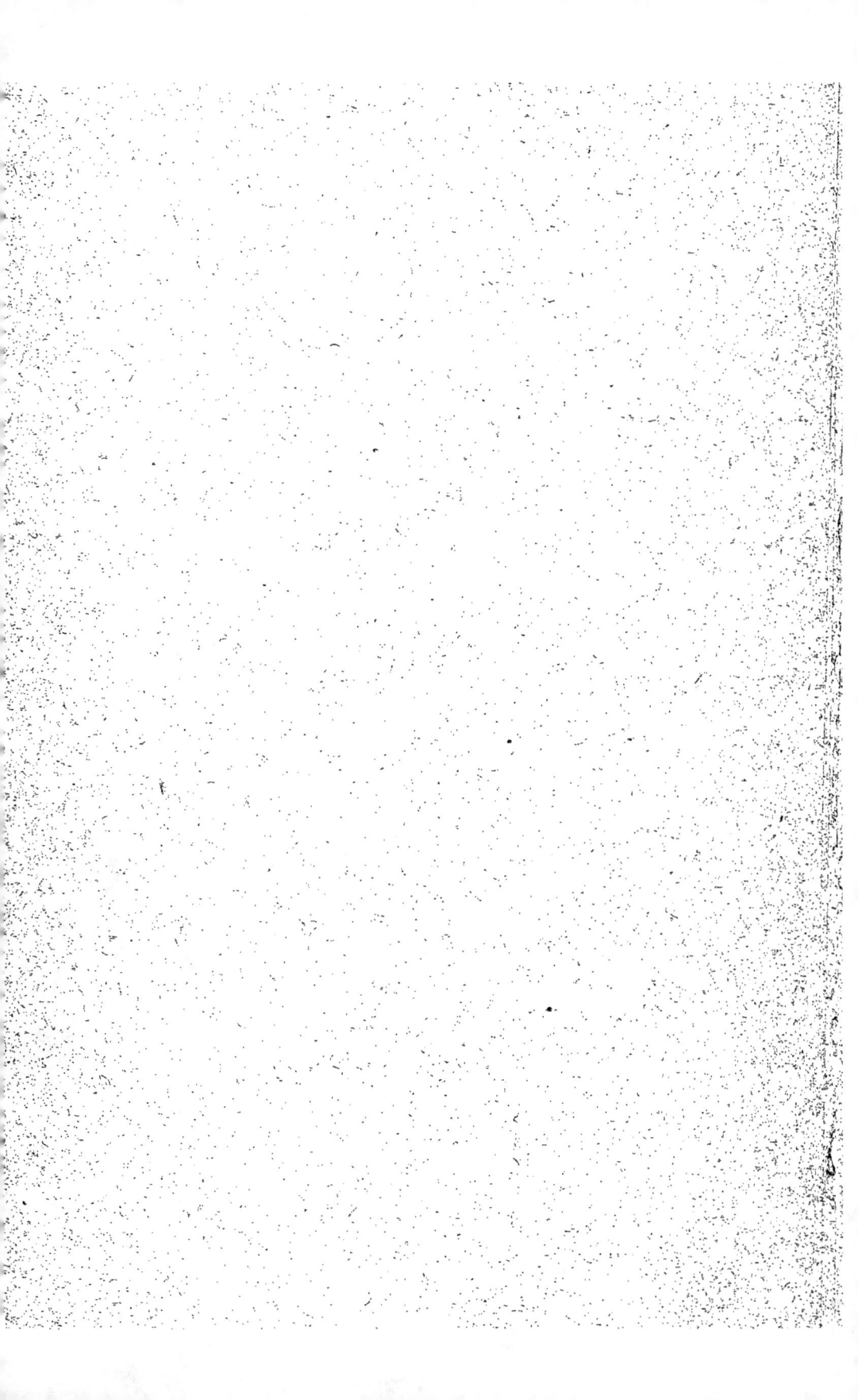

A LA MÉMOIRE
DES CUIRASSIERS
A PIED

ANDRÉ DUFLOS

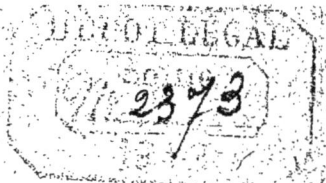

A LA MÉMOIRE
DES CUIRASSIERS
A PIED

Préface de M. BINET VALMER

PARIS

JOUVE & Cie, ÉDITEURS

15, Rue Racine

1919

A M. le Colonel Thureau

Créateur du 9ᵉ Cuirassier à pied

A M. le Lieutenant-Colonel de Vaucresson

J'offre ce livre en souvenir
avec mes sentiments affectueux

PRÉFACE

Cavaliers, mes camarades, lisez ce livre. Il est tout animé par l'esprit de notre arme : amour du régiment, affection pour les chefs, piété pour les morts, simplicité dans le sacrifice. Pendant ces quatre années de campagnes, nous nous sommes peu à peu débarrassés de notre vanité légendaire, mais devenus mécaniciens dans les chars d'assaut, aviateurs ou fantassins, nous avons gardé nos vertus. Lisez ce livre, on dirait un récit de chevalerie. La poésie des vieux âges vibre dans les feuilles de route du maréchal des logis Duflos. L'hommage qu'il rend à ceux qui sont tombés a de la grandeur, atteint à la grandeur par la sincérité des éloges et du regret.

Ces morts qui sont l'orgueil du régiment où il eut l'honneur de servir, André Duflos les nomme, les décrit en quelques lignes, il les appelle et leurs grandes figures ne quitteront pas le lecteur, le hausseront au-dessus de lui-même, l'entraîneront dans l'épopée.

Je souhaite que tous les régiments de France aient un pareil historien. Mais oui, il y eut de la poésie dans cette guerre. Ceux qui la décrivent en mettant bout à bout de petites phrases maussades se mentent à eux-mêmes ; ils n'auraient pu tenir, s'ils n'avaient vu, pareils à Henri Barbusse, que la laideur et l'horrible. Cette histoire du 9ᵉ cuirassiers a de l'imprévu et du sublime. Au début de la guerre, avant la Marne, j'ai rencontré sur les routes de la défaite les divisions de cavalerie qui revenaient de Belgique, chevaux fourbus, hommes épuisés. Pendant la bataille de l'Ourcq, j'ai vu la charge dégager Nanteuil-le-Haudoin, se ruer sur Betz. Plus tard, sur l'Yser, j'ai vu les cuirassiers, relevés des tranchées, secouer la boue et enfourcher leurs chevaux amaigris. Plus tard encore, en Lorraine, j'eus la joie de commander les mitrailleurs d'un « groupe léger ». Sur la Somme, j'ai partagé leurs périls. Enfin, au mois d'octobre 1918, ma section de chars Schneider était escortée par un détachement du 9ᵉ cuirassiers, que l'on désignait sous le nom presque ironique « d'infanterie d'accompagnement ».

C'était à l'attaque de la Malmaison. Ce jour-là, les chars n'ont pas réussi. Ils restèrent embourbés, à mi-côte. Jamais je n'oublierai le dévouement des camarades que nos machines avaient déçus. Et, quand le maréchal des logis Duflos m'a demandé d'écrire une préface pour son œuvre, j'ai tout de suite accepté, en souvenir de ceux-là qui étaient près de moi dans les escarpements du plateau des Marraines.

Ceux-là, tandis que nos chars prenaient leur revanche, en 1918, ont triomphé de la ruée allemande. Ils ont arrêté l'ennemi, ils ont sauvé Paris de l'outrage, ils ont bouché le trou, quand reculait et se débandait la cinquième armée anglaise.

Je vous dis de lire ce livre, et j'écris ce conseil impérieux au lendemain de cet affreux premier mai, le jour où les feuilles de l'anarchie osent traiter d' « *embusqués* » les dragons à fourragère qui ont dispersé l'émeute. Cavaliers, mes camarades, faites lire ce livre d'un poète à ceux qui ne savent pas que vous avez souffert autant que l'infanterie, que vous avez sauvé la France en 1918, comme l'infanterie l'avait sauvée à Verdun. Et quand vous aurez lu, essayez de trouver dans votre régiment un écrivain

aussi sincère que ce jeune Duflos, et dites-lui :
« Il faut suivre cet exemple. D'abord vous
inscrirez sur les stèles funéraires l'épitaphe de
nos morts, puis vous raconterez ce que nous
avons fait pour la gloire de notre étendard,
mieux : pour la gloire de la cavalerie française
que la grande guerre a trouvée pareille à elle-
même, héroïque et élégante dans l'héroïsme ».
Cela est vrai ! démontée et souillée de boue,
notre cavalerie garda l'élégance de son esprit de
corps.

Mon cher Duflos, vous avez écrit un beau
livre, un livre utile pour notre arme. Je vous
remercie.

BINET-VALMER.

2 mai 1919.

A LA MÉMOIRE
DES CUIRASSIERS A PIED

PREMIÈRE PARTIE

HOMMAGE AUX MORTS !

I

Sur la plus haute terrasse de l'hôpital X à Marseille, je regardais, l'automne dernier, un crépuscule coloré comme le sont les crépuscules en Provence. Là-bas, derrière les îles Frioul, en avant du cap Couronne, le soleil se noyait lentement ; il tendait ses rayons comme des bras essayant de se sauver de l'onde. Tous ces longs jets lumineux mauves, violets, vieil or, prenaient, à mes yeux l'aspect de visages évanouis. Il me sembla que ces bras étranges imploraient le souvenir des vivants !

Dès ce jour, naquit impérieuse aussitôt l'idée d'écrire un livre en hommage aux morts !

Depuis 1914 jusqu'à cette fin d'automne 1918, j'évoquais les étapes parcourues, étapes douloureuses s'il en fut ! J'entrevoyais encore les survivants, glorieux débris, inondant de leur sang, les profondes forêts d'Argonne.

Non ! il ne m'était pas possible de laisser ce merveilleux passé succomber dans l'oubli. Il fallait crier la gloire de ceux qui se sacrifièrent... Il fallait narrer les chemins sanglants ! J'ai le bonheur de mettre ce projet à exécution. J'ai eu la joie d'être encouragé, secondé.

Vous me pardonnerez si la main malhabile ne sut pas fixer par la plume ce qui devait être gravé sur le marbre.

II

Le tocsin a sonné ! Ils sont partis ceux qui ne reviendront peut-être jamais.

Sur le seuil des maisons des femmes en larmes ! Ils ont tout laissé.

Les souvenirs d'hier, les rêves de demain, réunis en faisceau ils les ont immolés.

Conscients, inconscients parfois ; joie au cœur, larmes derrière les yeux, peut-être... ils sont partis !

Et pour famille, pour foyer, ils n'auront désormais que le régiment.

Comme nom : qu'un matricule !

Je les ai vus venir de partout. L'homme du Nord,

celui du Midi, le paysan, l'ouvrier, le patron, le prê-
tre, l'industriel, toutes les conditions.

Le lendemain ils n'avaient plus qu'un uniforme,
qu'une âme !

III

Je les suis, sur la route boueuse, en Belgique, aux
lisières françaises, dans ces pays aux plaies béantes,
qu'ils bouchent de leurs corps.

Je les suis, ils sont superbes !

Ils soupirent, ils se plaignent, ils crient, ils meu-
rent !

Combien sont tombés !

Le bilan est affreux ! on recule épouvanté devant
l'énorme trou.

Une clameur s'élève, une plainte grandiose monte ;
toute la souffrance de cette guerre s'exhale de chacune des tombes !

Celui-là était fils unique, il est tombé !

Celui-là était père, il est tombé !

Celui-là était un savant, il est tombé !

Celui-là encore était artiste, il est tombé !

Toutes les races se sont mêlées dans le sang.

Le superbe est tombé à côté du simple ! Le pauvre
s'est écroulé près du riche ! Les ennemis politiques

ou religieux d'hier ont agonisé ensemble dans la
même tranchée :

Là s'est opéré le miracle de la fusion sanglante.

Ils ne sont plus, ils sont plus grands encore !

IV

Que nos mémoires les portent à nos enfants !

Narrons leurs exploits, disons la beauté de leurs
sacrifices.

Que les générations qui lèvent s'imprègnent de leur
esprit, méditent les pensées de leur cœur !

Parlons-leur des obscurs tombés on ne saura jamais
où, qu'aucune main n'a secouru à la suprême
minute ! Ils avaient pourtant une mère, ils avaient
une femme, ils avaient des enfants !

Ils sont tombés, ignorés. Ne les oublions pas !

Les pages tragiques de cette tuerie mondiale,
écrites avec l'encre de leurs veines, doivent être trans-
mises en legs sacré, comme jadis se transmettaient les
gestes homériques !

La ville et le village doivent posséder le livre d'or
de leurs noms.

L'artiste gravera] sur la pierre la synthèse de leurs
traits.

Le poète dira leur souffrance et leur gloire !

Cantatez les morts !

Ils se sont battus pour leur foyer ! en même temps qu'ils défendaient d'autres foyers dont les chefs aux mains débiles ou au cœur lâche n'en gardaient pas l'approche.

Ils se sont battus pour Corneille ou pour Pascal ! pour France ou pour Bourget ! pour Pasteur ou pour Bergson !

Ils se sont battus pour une idée humaine ou pour un idéal divin !

Qu'importe !

Ils ont sacrifié l'intérêt particulier à la cause générale ! on leur a dit « marchez ! » d'un même élan irrésistible, ils ont volé !

Il y avait un fléau menaçant la civilisation ! Il y avait une pieuvre immonde qui avait projeté ses tentacules sur le monde. Ils n'ont eu qu'un même but : marins, terrestres, aériens, il fallait tuer le mal, ils l'ont tué !

V

Ils furent les enfants pauvres de la guerre !

N'ayant goûté qu'aux peines, ils ont bu la lie sans jamais connaître la liqueur...

Que ne sont-ils présents à cette renaissance !

Que ne parcourent-ils le pays d'Alsace et de Lorraine pour y embrasser leurs frères si longtemps éloignés !

Que ne viennent-ils fouler le sol allemand ! tremper leurs lèvres aux eaux du Rhin pour savourer ce cru nouveau !

Que ne jouissent-ils en triomphateurs à nos côtés ! Hélas ! ils ne sont plus...

Respectueux, inclinons-nous très bas devant eux, nous les survivants.

Gardons précieusement la mémoire des bâtisseurs des temps nouveaux qui, de leurs corps, ont fait les degrés du temple de demain.

Hommage aux morts !

DEUXIÈME PARTIE

A CELLES QUI PLEURENT

Quand au sortir d'un secteur ou d'une attaque, on établissait la liste des « morts pour la France ! » j'avais devant les yeux, le spectacle touchant des femmes qui là-bas, bien loin, les attendaient...

Pendant des mois et des mois, vivant anxieusement les minutes, interrogeant tout : le permissionnaire passant, les voisins, le facteur, les étoiles... priant ou pleurant !

Celles qui attendaient !

Quelles minutes effroyables elles ont vaincues. A combien de combats imaginaires ont-elles pris part. Combien d'angoisses ! Combien de nuits hantées de cauchemars !

Vingt fois, cent fois peut-être, elles ont entendu ce cri final, ce cri fou : « Je meurs, maman ! » ou prononcé bas, très bas dans un souffle d'agonie, le petit nom chéri, le diminutif charmant que les hommes décernent à celles qu'ils aiment.

Combien d'enfants, réunis le soir, à l'heure de la prière, à qui la maman faisait joindre les doigts pour « petit père ! »

Ah ! celles qui attendaient !

Pour elles les heures ont sonné comme des glas. Elles ont souffert dans leur corps, dans leur fierté et dans leur cœur !

Que de pauvretés cachées ! que de misères de toutes sortes ! et elles n'en disaient rien... pour qu'il ne souffre pas.

Quelquefois même elles s'ingéniaient à le tromper sur une maladie de l'enfant, sur leurs propres souffrances.

Elles s'essayaient à sourire, elles qui toujours pleuraient.

Et puis, un jour atroce, un jour que souvent elles avaient pressenti, la nouvelle est venue, la tragique nouvelle !

Celui qui comblait toute leur vie, vers qui se tendaient, sans cesse, les forces de leur être, toute leur tendresse... celui-là reposait dans un coin quelconque... oublié !

Jamais plus elles ne le reverraient !

Qui dira les sanglots secrets ? les baisers donnés à l'image, les prières, les morts lentes de ces cœurs inconsolés ?

Qui exprimera cela ?

Je voudrais pouvoir dire à chacune des mères, à chaque femme, à toutes celles qui n'oublient pas, le dernier mot vrai qu'il a prononcé...

Je voudrais avoir suivi sa dernière étape, noté ses dernières pensées.

Et je vous le rendrais de mon mieux ô mères ! ô femmes !

Mais vous n'en saurez rien souvent. Vous n'aurez de lui que des souvenirs lointains...

Jamais plus : ses gestes, sa parole, ses tendresses !

Jamais plus cet enfant que vous avez allaité, entouré de soins, que vous avez vu grandir avec joie et crainte.

Jamais plus, ce fiancé si doux qui devait réaliser vos espoirs, vos rêves de jeune fille.

Jamais plus le mari pour qui le home s'ornait. Vers qui s'orientait le but de votre vie.

Jamais plus les baisers pour votre enfant. Sur le front de votre petit ne se mélangeront plus vos deux baisers !

Jamais plus !

Gardez, ô femmes ! dans vos êtres secrets tous les souvenirs de lui.

Vous devez êtes fières, vous toutes les éprouvées d'avoir élevé ainsi un soldat mort pour la France !

C'est votre part glorieuse et douloureuse.

Pleurez pauvres chères inconsolables, et croyez que votre sacrifice n'est pas vain.

Espoir! ceux qui ne sont plus, je l'écrivais dans le précédent chapitre, sont plus grands que jamais ! Il ne se peut qu'un jour ils ne vous soient rendus.

Ayez-en l'espoir ancré fermement !

Je bénis, ô femmes ! toutes vos larmes.

SILHOUETTES EFFACÉES

Il faudrait parler de tous, esquisser leurs traits. Nous ne le pouvons, hélas! quelques-uns cependant que nous avons connus resteront fixés sur ce livre parlant en leur nom et pour tous les oubliés.

CAPITAINE DE GANNES

Avec sa barbe on eut dit un pope. Son manteau court en faisait un excentrique. Il avait comme nous le disons de la « gueule », de l'entrain. Toujours en tête de sa compagnie, prenant volontiers le sac d'un homme fatigué. Il chantait pendant les marches.

Paternel et bon, ses hommes l'aimaient beaucoup.

Il nous a quittés pour se faire tuer dans l'infanterie.

CAPITAINE DE CHASTEIGNIER

Un saint plus qu'un homme. Sa vie calme et simple est un exemple de tous les instants. Strict pour lui, indulgent aux autres, craignant que sa bonté soit insuffisante.

Il s'est donné à Dieu, à sa famille, à son pays et à ses hommes avec abnégation.

Il est mort à l'attaque de Laffaux, le chapelet à la main, le revolver au poing.

C'est un héros que sa compagnie a mille fois regretté.

CAPITAINE MITHOUARD

Un de ces êtres qui font des héros! Quoique marié et père, il avait l'ambition des plus braves... il voulait être à l'honneur, au danger, il y fut, et il est tombé à la manière de Cyrano!

CAPITAINE COTTU

Enigmatique figure, d'un beau dévouement, d'une belle audace.

Sportsman ardent. Incroyable activité mise au service de tous.

Le visage calciné par la vie, rude avec deux yeux étranges affirmant sa devise « qui s'y frotte s'y pique! »

Il est tombé en tête de sa compagnie.

Pick ici!

Chapeau bas!

COMMANDANT LARMOYER

Un gentleman! il avait l'honneur, la bravoure, l'élégance.

Il est allé au sacrifice sans hésiter, lui qui attachait un prix extrême à la vie et à de chères affections.

« Noble figure qui reposez à l'ombre de Villequier, vous fûtes la gloire de votre bataillon, la synthèse de tous les braves qui vous firent escorte ; vous êtes tombé à leur tête dans un élan superbe qui caractérise la fougue des cuirassiers ».

CAPITAINE DE FRANCE

Avec un visage imberbe, ses yeux clairs, sa sveltesse, on eut dit un officier de marine.

Homme d'esprit, élégant, cultivé, original.

Son cœur était d'un artiste !

Aux journées de mars 1918, à une heure très grave du recul, il cueillait une fleur qu'il fixa sur sa tunique. Geste simple qui décèle une âme.

Il est tombé à son poste dans un décor printanier qu'il eut chanté avec esprit.

Nous lui gardons un souvenir pieux.

LIEUTENANT FLEURY

Sans compter, il se prodiguait. Il était partout. Plusieurs fois blessé, on le revoyait parmi nous à peine rétabli.

Il maniait le verbe et la plume comme il mania le revolver.

Il est tombé face à l'ennemi en avant de ses hommes.

Le barreau d'Amiens peut s'enorgueillir de lui.

LIEUTENANT THOUROUDE

Visage tourmenté, aux yeux étranges, au pli amer des lèvres, la vie vous avait blessé. Votre âme, trop sensible, ne pouvait s'accommoder à nos rythmes bruyants.

Vous êtes demeuré là-bas dans les pays brumeux, vous qui aviez l'amour du soleil et de décors lumineux.

Vous étiez marqué par le sort.

Nous sommes quelques-uns à vous avoir compris et à vous regretter.

LIEUTENANT GOMBAULT

Silencieux, discret, mélancolique.

Un sourire effacé errait sans cesse sur ses traits.

Il était d'une douceur rare.

Il repose dans la Picardie regretté de tous.

SOUS-LIEUTENANT D'ANCHALD

Il était demeuré gentilhomme. Il voulait être digne du blason ancestral, il le fut. Frappé à son poste de combat dans les dernières heures, il expira en offrant son sacrifice à Dieu et à la France.

Ses enfants, ses pauvres petits qu'il aimait tant, pourront dire de lui « mon père fut un brave, il s'est donné jusqu'à la dernière minute dans toute la noblesse de son âme ».

Nous tous qui furent ses amis, nous gardons sa mémoire.

SOUS-LIEUTENANT TROCMÉ

Délicate figure dont on ne se souvient pas sans tristesse.

Il était jeune, élégant, simple.

Ses hommes parlent de lui avec des larmes.

La vie s'offrait à lui avec tous ses charmes. Il aimait et on l'aimait.

La mort aime les jeunes, elle nous l'a pris dans un bel âge, lui qui promettait de donner tant.

SOUS-LIEUTENANT EVRARD

Un ami certain, discret, délicat.

Il avait conquis ses grades en guerre.

Froid, parlant peu, il cachait sous ce masque une infinie bonté.

Toujours à la peine et au moment, d'être à l'honneur, la veille de l'armistice ; il est resté sur la brèche.

Nous le regrettons et sommes fiers de lui.

LIEUTENANT WAGNER

Exquise et fine sensibilité cachée sous une verve ironique.

Il eut le pressentiment de sa mort.

D'une rare bravoure, d'une grande bonté ; ses hommes l'admiraient et l'aimaient.

Esclave du devoir, de l'honneur.

Demeuré à Laffaux après une conduite héroïque, il repose dans le petit cimetière de Margival.

Nous ne l'oublierons jamais.

LIEUTENANT ROBERT

Un Alsacien fougueux et rude, volonté incrustée dans le roc! bravoure rare, insouciante.

Il est allé à l'attaque la pipe aux lèvres, revolver au poing et tombant le premier il a crié à son second « à vous, Becker, en avant ! »

SOUS-LIEUTENANT DE LA ROCHEFOUCAULD

Héritier d'un nom lourd à porter. Il a su le maintenir à la hauteur qui convenait. Sa race respirait encore en lui.

Il aimait les horizons vastes, les grandes aventures, les exploits de la légende !

Il aimait aussi avec une tendresse extrême sa femme et ses petits,... et il avait beaucoup souffert.

Il est tombé à l'ombre du castel de Bellinglise, en ajoutant un fleuron à sa couronne ducale.

Sous-Lieutenant de Bonnefoy

Il donnait l'impression de ces lames, finement ciselées, à l'apparence frêle mais dont l'acier est bien trempé.

D'un dévouement sans limites, il était le premier où il y avait de la peine.

Il avait les qualités qui font des chefs... il devait être un chef !

Il est resté laissant le souvenir d'un cœur rare et d'une admirable volonté.

Son père a pu dire de lui, ce que nous pensons tous. « Cet enfant ne m'a donné que des joies ! »

Sous-Lieutenant de Galembert

Un jeune de valeur.

Sa grande délicatesse l'obligeait à se faire pardonner le droit qu'il avait de commander à de vieux soldats.

Il devait continuer la noble lignée des Galembert, famille de soldats. Hélas ! le destin l'appela trop tôt !

Il repose sur la terre champenoise où il est né !

LIEUTENANT BRAULT

Un sportman, un lettré, un fin Parisien.

A peine convalescent, il est revenu dans la fournaise, ce fougueux d'élite.

Il venait de se marier. Il est tombé trop tôt lui en qui s'incarnait tant d'espoir ; lui qui se donnait avec passion, avec générosité ; lui qui savait aimer.

Nous gardons le souvenir de son cœur très pieusement.

SOUS-LIEUTENANT DE CARBUCCIA

D'un grand calme, d'une rare simplicité.

Sa froideur britannique à n'importe quelle phase d'un combat forçait l'admiration.

Ses hommes l'adoraient. On passait partout, derrière lui !

La veille de sa mort, il écrivait à son frère :

« En avant, vive la tombe quand le pays en sort vivant ! »

Toute son âme est traduite là !

Frappé à Laffaux, au début de l'action, il expira en renouvelant l'offre de son sacrifice pour sa mère, pour ses hommes, pour la France.

BRIGADIER GEORGES BECQUART

Indépendance, franchise, volonté tenace au service de ce qu'il sentait juste, bonté foncière, le caractérisent !

Pendant quatre ans, sans désemparer, il a lutté aux côtés de son frère. Il fut blessé en même temps que lui. Ils ne se sont pas revus eux qui ne se quittaient jamais.

Georges est tombé dans les dernières heures. Nous gardons de lui un souvenir profond dans nos cœurs.

ASPIRANT PARISE

Du collège à la guerre !

Il n'a connu que le devoir ! il lui était soumis.

Comme il aimait sa mère, il aima la France avec une grande tendresse. Il nous aima.

Belle âme neuve dans une noble énergie.

Nous gardons un souvenir affectueux à la mémoire de celui qui, d'un bel élan, sacrifia ses vingt ans pour la patrie.

LIEUTENANT ROBERT DE LESSEPS

Chevalier sans peur et sans reproche. A la déclaration de guerre il s'élance vers la France, quittant cette Belgique où il laisse un foyer qu'il aime tendrement.

Sympathique à tous par son courage si simple, sa bonté si accueillante, ce beau rêveur a fait le suprême sacrifice dans ce pays boueux de la Somme, montant retrouver Là-Haut, ceux des siens qui comme lui, sont tombés en héros pour notre belle France.

Gloire à son nom !

CAPITAINE DE FERQUE

Le regard vif et malin dans un visage tranquille, sa fidèle pipe à la bouche, il observe.

Sur le chef qu'ils aiment tous les yeux sont fixés.

Il s'élance !...

Une balle inconsciente...

O vous qui l'avez connu, inscrivez au livre d'or le nom de ce héros !

LIEUTENANT D'AUBERJON

Septembre 1914. La division provisoire est formée.

« Une reconnaissance », dit le colonel. — « C'est mon tour », répond une voix ! A cheval ! Il part ce brillant cavalier, sourire aux lèvres, mais la pensée tendue vers la mission difficile.

Courir sus à l'ennemi ! Quel bon moment pour cette âme d'élite, pour ce vaillant !

Le contact est pris ; en bon chasseur il ne lâche pas la bête, mais la mort le guette sournoisement, et la lignée de ses ancêtres comptera un héros de plus.

Saluez, cuirassiers du 9e, le premier de vos officiers vient de tomber face à l'ennemi !

SOUS-LIEUTENANT DE GOY

La chevauchée en Belgique !... Le retour !... Les mitrailleuses en danger... « A vous sous-lieutenant de Goy !... »

Au galop ! Comme il est heureux ce jeune officier... En une seconde défilent devant ses yeux : Saint-Cyr, les camarades, la Gloire ! le ruban rouge !

Oui, un ruban rouge... une tache de sang sur la route. Au revoir petit Français. Nous ne t'oublierons pas !

SOUS-LIEUTENANT MALLE

Un solide gas du Nord. De grands yeux bleus. Comme un éclair, une lueur de dureté s'y reflète quand on parle du boche pillard et assassin.

Pour ce magnifique soldat combien belle aurait été la récompense, étendard déployé, clairons sonnants, de fouler en vainqueur le sol maudit de cette Allemagne qu'il détestait.

SOUS-LIEUTENANT VANDAME

Pas de cris, pas de bruit, mais vous pouvez compter sur lui, ce jeune officier blond et mince. S'il ne rit pas toujours, vous comprenez pourquoi ? il est du Nord... Toutefois il n'est pas un camarade morose et il ne vous ennuie pas du récit de ses peines...

3

Vient le jour de l'attaque, malheur aux boches !

Quelle joie farouche de tomber sur l'envahisseur. En avant ! en avant !

Il n'est pas revenu et cependant il est toujours présent. Le souvenir d'un héros ne meurt pas.

LIEUTENANT MARTIN ET LIEUTENANT PAUL DUCROCQ

A cheval il était gai. A pied il le resta. Bonne humeur, joie franche n'empêchent pas d'être sérieux, et certes, il le fut ce gentil lieutenant dont le souvenir, chez tous, restera associé avec celui de son ami Paul Ducrocq qui, devenu capitaine de chasseurs à pied, tomba comme lui au champ d'honneur.

COMMANDANT GATELET

Un bon cœur sous un aspect rude.

Un petit cuirassier, une grosse voix.

Le voyez-vous ? Il s'avance vers vous, son stick à la main. Il le brandit comme Jupiter ses foudres.

N'ayez pas peur, ses colères sont pour le boche.

Votre commandant est un brave homme et, de plus, un homme brave, un vaillant.

Il n'a pas quitté son bataillon, il est resté à sa tête, il y restera toujours... Ils sont alignés comme à la parade, ses cuirassiers... dans le cimetière de Margival !

Trompettes, ouvrez le ban !...

Sous-Lieutenant Georges Robert

Carrure d'athlète. Voix puissante. Poing solide.
Geste rapide. Un rude soldat. Encore un gas du
Nord. Sa mère est là-bas. Il y pense chaque jour. Hélas ! elle n'embrassera plus son enfant, mais comme
suprême consolation, ses lèvres pourront se poser,
avec une poignante émotion, sur cette Légion d'honneur qu'il a bien gagnée par sa valeureuse conduite,
avant de prendre place dans l'héroïque phalange.

Capitaine Mourouzy

Inclinons-nous avec respect et émotion devant ce
Prince roumain, qui en vrai gentilhomme, a tressailli
d'horreur, quand le Barbare menaça cette France
qu'il aimait.

Présentez vos armes ! Cuirassiers du 9e ! et inscrivez
dans l'historique de votre superbe régiment la mort
glorieuse d'un de vos chefs, le noble et vaillant capitaine Mourouzy.

Lieutenant Jacques Landron

Un allant fou ! une bonne humeur constante ! un
cœur exquis ! avec son manteau à pèlerine, ses bas
anglais rabattus sur ses bandes, sa pipe à la bouche,
je le revois emmenant sa section vers Messines en Bel-

gique. Des cuirassiers à l'infanterie, de l'infanterie à l'aviation... il est allé jusqu'à l'étoile! pour tomber au Zénith! Et souvent, regardant ce firmament qui l'avait tenté nous penserons à lui et le regretterons.

Sous-Lieutenant Beaugrand

Il avait été parmi nous un camarade charmant. Sa valeur l'avait sorti du rang. A peine arrivé à l'honneur il est tombé dans les affaires de juin alors qu'il contre-attaquait furieusement en tête de sa section.

Nous conserverons de lui un souvenir ému et garderons un exemple, sa gaieté, sa bonté et sa fougue.

TROISIÈME PARTIE

ÉVOCATION !

Ces notes ont été prises sur les car-
nets de route de combattants ano-
nymes mais glorieux !

I

LES PRÉCURSEURS

Octobre 1914.

Le miracle de la Marne s'achève.

Le boche réunit de nouveau ses forces pour se ruer vers la mer.

Le général Joffre tend ses ressources. Il n'y a pas assez d'infanterie ; il lui en faut... il démonte la cavalerie.

Du manège au stade! il le faut.

... Les chevaux se sont usés sur les routes de Belgique... la route de Liège à Charleroi est jonchée de leurs squelettes.

Et comme dans les guerres de l'Empire... après le désastre de la Bérésina, les escadrons sans montures se transformeront en vaillantes compagnies.

Les cavaliers-fantassins vont devenir des troupes de secteur, sorte de matériel humain que les corps d'armée se passeront entre eux... un mois ici!... quinze jours là-bas !... une fissure se produit-elle, un groupe léger s'y trouve... Un régiment part-il à l'attaque... les légers font 500 kilomètres et le relèvent aussitôt.

Ils sont bien « légers » ces cuirassiers, ces dragons, ces hussards !

Voltigeant en tout sens, pendant leur initiation sous le feu, l'infanterie les verra près d'elle de la Belgique à la Lorraine !

Ils connaîtront tous les coins de la frontière armée et mouvante, ils en auront bouché des trous, creusé des boyaux, posé des caillebotis et des barbeles, accompli, en somme, toute l'ingrate besogne de l'infanterie — eux, ces cavaliers dont l'esprit traditionnel est si fier ils sont descendus de leurs chevaux — vous pouvez en sourire, messieurs les fantassins —ils ont fait les petites corvées puis, montant peu à peu jusqu'où ne devaient-ils pas monter ! — Ils sont allés au faîte.

Ce matériel de secteur deviendra vers la fin du drame la troupe d'élite sur qui l'on compte pour faire triompher l'œuvre !

18 octobre 1914.

Dans une ville du nord de la France, à l'aspect vieillot, à l'ombre du beffroi au style flamand, tandis

que lamentablement les évacués défilent, que les Britanniques se préparent... de six régiments de cavalerie, des dépôts, arrivent des dragons, des hussards,
des cuirassiers !

Mélange ! Cacophonie ! enchevêtrement d'uni-
formes !

Sous la baguette d'un chef calme l'orchestre s'ac-
corde... il y a bien encore quelques fausses notes...
dame ils n'en sont qu'aux débuts !

Fin octobre.

Croisant sur les routes du nord les lanciers du Ben-
gale, ces hommes hiératiques statufiés sur des chevaux superbes, ils savourent cette note orientale jetée
dans la boue... la route est dure, la troupe avance en
maugréant... elle va s'installer dans les tranchées de
Picantin en face de Lille... auprès des Hindous peu
enclins à nous croire Français ; ils font un accueil
étrange ! notre groupe habillé à la mode des sans-
culottes leur paraît insolite ;

. . . .

Ils s'en vont sur les routes de Belgique ces fantassins bariolés, on dirait une mascarade héroïque et les
voici pour leur premier corso fleuri au moulin de l'enfer près du mont Kemmel, où, pour la première fois,
nous voyons des trouées à diamètre respectable.

La masse imposante du Kemmel est derrière nous.

Devant nous sur une légère colline masquant Messines, un groupe de fermes et le moulin !

Le premier moulin de notre histoire !

Le 3 novembre 1914.

Le 18e chasseurs cyclistes aidé par un renfort du 9e cuirrassiers donne de rudes coups. Ils ont des pertes lourdes.

En réserve, sous un fort marmitage, nous perdons quelques hommes avec le lieutenant D'Yanville. Nos premiers morts reposent sur les flancs du Kemmel !

Le lendemain la silhouette de Messines apparaît juchée sur la colline... le groupe est dans la vallée, le long de la Douve, un ruisseau enfant... il s'agit de s'infiltrer, il faut monter, l'attaque se déclanche, sous l'avalanche des balles, dans l'ouragan des canons, aidés des Anglais jouant la partie en débutants, les légers creusent des tranchées, avancent par bons successifs, et le repli ne s'opère qu'en raison de la rupture de notre gauche !

Quel spectacle lamentable offre le paysage !... hier c'était la vie des champs... aujourd'hui c'est la désolation... les foyers chauds encore sont abandonnés, les animaux, épaves dans le désastre, errent dans la plaine... les chats demeurent gardiens des ruines !

Les cavaliers se sont familiarisés avec leur nouveau rôle ; entre eux la soudure est faite : le royal dragon ne se dira plus supérieur au léger houzard... Tous deux pensent à venger leurs morts !

Le 11 novembre on renonce à prendre Messines qui flambe comme une torche.

Relevé le groupe s'éloigne ; une chèvre suit les hussards !

Tandis que l'artillerie française des hauteurs de la route de Wulverghem bombarde Messines au crépuscule, nous partons sur la route de Locres où nous arrivons, trempés, exténués en pleine nuit... les granges servent de séchoirs..., l'éclairage est fourni par des incendies. Quelle nuit !

12 novembre.

Ypres ! la ville sculptée de dentelles flamandes... morne, déserte, à demi écrasée déjà par des 305 autrichiens qui arrivent à intervalles réguliers avec un bruit de vapeur...

Nous demeurons aux abords... pour voir s'échapper les derniers habitants...

Une femme, folle sans doute, hurle par un soupirail.

Une tourterelle chante encore dans sa cage.

Là-bas, près de Zillebeck, où les combats continuent, près de l'étang joli où jadis, aux ducasses, dansait la jeunesse flamande, des Anglais prennent le thé... des chevaux achèvent de mourir et sur tout cela un ciel gris, ciel de novembre !

. . . .

Indésirables en Belgique, nous reprenons bientôt le chemin de la France.

Jamais nous ne reviendrons là... Nos morts seuls diront notre passage... c'est ainsi la guerre... le chemin est jalonné par des cadavres.

Auprès de Saint-Omer. Un temps de calme est donné pour l'entraînement, l'organisation de la troupe... on cherche à uniformiser son allure.

Brusquement ordre de départ... le 33 C. A. doit attaquer, on nous enclave dans ce corps et, le 12 novembre, c'est l'embarquement en autobus... déposés non loin d'Arras... nous attendons l'arme au pied.

Mais l'attaque n'a pas lieu et nous prenons les tranchées en compagnie des chasseurs alpins... le coin est dur, pas d'abris, mais de la boue et les relèves sont pénibles, il faut faire 20 kilomètres pour prendre les lignes !

Du Pas-de-Calais nous passons à l'Oise.

Le prélude de février nous trouve à Canny-sur-Matz, en face du bois triangulaire, sorte de bois fantôme, déchiqueté comme tous les bois servant de poteaux frontières et de champ de tir international !

Il s'agit d'organiser le secteur naturellement... Ce sont des travaux, des patrouilles... et comme apothéose de la boue et encore de la boue !

Puis délaissant ce secteur où pourrissent encore des cadavres français accrochés par les boches aux fils barbelés... abandonnant la « Payse » aimable Bre-

tonne distribuant chaque jour ses douze litres de
lait... regrettant le piano mécanique transporté en
première ligne, nous faisons nos adieux à l'Oise !

                              12 février 1915.

A Gannes près de Saint-Just c'est l'embarquement
sous la pluie...

Arrêt à Châlons-sur-Marne où, par une nuit sans
lune et sans étoiles, on déambule jusqu'à la Drouille-
rie, ferme-castel où s'entassera dans les granges et
un peu partout le groupe léger !

Alors se succédant :

Les visites à Auberive, secteur de la triste Cham-
pagne. Coin de craie et de boue.

Dans les tranchées on frôle des pieds de poilus
mal enterrés.

Cela fait de sinistres porte-manteaux !

C'est l'existence de secteur demi paisible, avec ses
inévitables travaux, factions, patrouilles.

Là comme partout où nous passons nous laissons
de notre chair.

Combien de fois ne reverrons-nous pas dans les
pinèdes pauvres, l'alignement des tombes avec les
képis sur les croix... et les bouteilles fichées en terre
contenant le nom de celui qui n'est plus.

Au bois d'Hauzy, ce lac boisé où l'on patauge avec
ardeur.

Nous constatons à la station de Vienne le château

que la distance séparant de Paris demandera encore
aux boches bien des efforts pour la franchir.

A Virginy où nous jouissons du soleil sur les
ruines... on a ici l'impression de se promener dans
une vieille cité que des fouilles savantes auraient
remises au jour... hélas! tout cela vivait hier.

Le pont de Minaucourt : une des tombes du corps
colonial !

Et enfin, devant la statue de Kellerman, qui de sa
colline semble encore commander l'armée française,
nous embarquons pour Verdun. La musique des
coloniaux est venue nous conduire aux lisières de
Hans...

A Hans le général Gouraud se trouve dans l'an-
tique château où au v⁰ siècle le général Aëtius, commandant les troupes romaines, avait établi son P. C.
C'est de là que partirent les phalanges héroïques pour
écraser les Goths aux champs catalauniques !

Nous voici au xx⁰ siècle aux mêmes endroits !

Qui sait si ne se réalisera pas ici la même victoire !

Qui sait si le général Gouraud ne sera pas le fils
direct du fameux général Romain !

2 avril 1915.

Et c'est Verdun ! en pleine nuit toujours... comme
les chouettes on ne nous rencontre que la nuit !

Laissant la citadelle derrière lui, le groupe marche
sur Braquis village meusien, dont la puanteur et la
saleté resplendissent sous un pâle soleil !

Pendant qu'à notre droite se déroule le drame des Eparges, nous occupons Saint-Maurice, pointe extrême d'avant-garde en face de Warcq que les boches ont inondé... Dans le lointain on découvre les hautes cheminées d'Etain.

Nous maintenons la côte 222 où le brave Epèche trouve une mort magnifique.

Dans des trous, sans abris, au faîte d'une colline, soumise à un bombardement intensif, deux compagnies tiennent, s'accrochent... il faut tenir, c'est l'ordre ! Plusieurs sont tués, tous doivent y passer !... Le maréchal des logis Epèche est touché d'un éclat d'obus qui lui sectionne l'artère fémorale, il connaît sa blessure, il sait qu'il doit mourir — tendant son énergie, il donne des conseils à ses hommes et allongé dans son trou, après six heures de souffrance pendant lesquelles il voit toute sa vie s'échapper de sa plaie, il s'écrie : « Je meurs, vive la France ! »

Je revois encore son corps étendu dans l'église de Braquis. Les hommes l'avaient ramené pendant la nuit...

... Pendant plus de trois semaines aucune lettre ! le bataillon était oublié... là-bas dans cette Woëvre affreuse où tout est triste depuis le premier habitant jusqu'au dernier sapin... Les lettres, les infirmières du cœur, qui sont la force sans cesse renouvelée du poilu... les lettres qui sont de la joie ! qui parlent de ceux qu'on a laissés, qui parlent du foyer bien chaud

quand on a les pieds dans l'eau! les lettres affirmant
qu'hier sera demain ! les lettres de mamans, de femmes, de fiancées, les lettres de marraines ! Toutes
les lettres !... Nous n'avions rien que ce spectacle au
retour des lignes de régiments montant au gouffre...
et le défilé douloureux des blessés... quelles visions
infernales !

17 avril 1915.

Sans regret on file en Lorraine !... et ce sont les
jolis pays de Vaucouleurs où s'évoque la grande
Lorraine, de Challaines pays hospitalier, d'Allamps,
ce nid d'aigle, de Vézelize, ce délicieux coffret... pour
aboutir à Chenevières où tout en cueillant les premières violettes nos hommes préparent un terrain
d'attaque expérimental et travaillent dans la forêt de
Mondon.

Le 19 mai sous un soleil éclatant nous quittons la
Lorraine à Bayon... Quarante-huit heures après nous
apparaissions dans la Somme ! C'est là que nous
apprenons l'entrée en scène de l'Italie !

Nous faisons des excursions à Hanescamps, Hébu-
terne... secteurs classiques de la guerre de tranchées
qui gardent le souvenir d'une charge héroïque d'un
escadron de dragons dans les fils de fer boches !...
travaux, patrouilles, échange d'aménités par les artilleries.

6 juillet.

On parle de permissions !

Est-il vrai ? depuis onze mois que l'on erre comme des chemineaux ! on va revoir sa famille! la première permission ! Quelle émotion profonde chez tous les hommes.

Est-il vrai ?...

On ne conçoit pas, tout d'abord que le miracle est possible...

« demain je serai chez moi, j'embrasserai ma femme, mes enfants, ma mère ; mais non c'est fou... je rêve !... Allons carcasse : tu songes ! n'entends-tu pas le canon ? n'écoutes-tu pas les balles siffler ? « ... Ce n'était pas un rêve ! J'y suis allé. J'ai revu les miens, ô joie indicible ! Comme me comprendront bien ceux qui l'ont éprouvée, celles qui nous atten-daient !...

... et demain les lettres viendront... elles seront moins distantes, c'était hier que nous étions ensem-ble. Mon regard les suit tous ceux que j'aime au monde... Je suis heureux, j'ai des souvenirs d'hier !...

26 septembre 1915.

Jetés à Habarcq non loin d'Arras, ce sont les offen-sives de Septembre... L'espoir gonflé à bloc !... Nous croyons à la percée, le groupe doit poursuivre les suc-cès ! on raconte qu'un général a confié à son E. M. « nous dînerons ce soir à Douai ! » on a la foi, la foi

des grands jours et le défilé des premiers prisonniers
fait éclater la joie ! Hélas ! l'enthousiasme stoppe
aux barbelés boches que notre artillerie n'a pu détruire...

C'est l'échec !

Pour aboutir à Aix-Noulette en octobre... Ce fut
charmant ! on ne se souvient pas de l'interminable
boyau Cordonnier sans une angoisse. Ce secteur est
un labyrinthe, vainement j'ai cherché Ariane !

Les boches, échappés d'enfer, attaquent sans cesse...
les jours et les nuits sont troublés par les sons de
leur lyre : minen, torpilles, obus... c'est torrentiel ! et
pour varier de part et d'autres ont fait sauter les mi-
nes, puis on se dispute les entonnoirs...

Au-dessus du parapet la campagne est triste...
pays minier où quelques boqueteaux, squelettes
noircis, font des taches plus sombres... à notre droite
un château est troué à ce point que des artistes de la
Renaissance ne l'auraient pas mieux ouvragé... sur
les parapets des cadavres pourrissent... le brouillard
traîne ses saletés, la mort est la grande prêtresse !

Ici pourraient s'écrire les mémoires d'un cuistot.
Celui qui n'a pas porté la soupe par les boyaux sans
fin, sous de constantes rafales, n'a pas droit au titre
de cuistot...

L'artilleur qui n'a pas pointé là ignore les duels
tragiques de secteurs où les canons semblent lutter
corps à corps tant ils sont rapprochés !

Nos pertes furent sensibles !

En tranchée de 1re ligne on ramène des corps écrasés dans un petit poste... le capitaine de Baillencourt fait présenter les armes à tous les veilleurs... C'est simple mais émouvant dans ce décor funèbre où un roulement perpétuel se fait entendre.

Après une période de repos aux environs d'Auxi-le-Château nous remettons sac au dos vers Arras dans le secteur de Wailly... là disparaît une belle figure : le lieutenant Thouroude qui trouve la mort en photographiant un éclatement.

Le groupe glisse à droite sur Bailleulval... il doit hiverner aux tranchées... C'est la boue encore et toujours. Le premier hiver passé entièrement dans les trous...

C'est la vie obscure et douloureuse...

On souffre de tout : du piétinement dans l'eau, du froid, de la faim, des rats...

Oh ! les secteurs d'hiver sous le ciel froid de décembre ! Avec la mort rôdant toujours, saisissant toutes les occasions... les factions aux petits postes, les relèves sous la pluie... Que de souffrances qu'on n'exprimera pas...

On pense aux hivers de jadis, à ces retours dans la maison chaude, auprès de l'affection des siens, on songe à tout ce qui est beau et bon dans la vie ordinaire et l'on passe l'hiver dans les trous...

Si la lune pouvait confier tout ce qu'elle a vu en éclairant les nuits froides d'hiver !...

Et tout passe... l'hiver aussi. Au prélude du printemps la manie des voyages nous reprend. A Saulty nous prenons un train qui nous dépose aux alentours de Compiègne devant Thiescourt et la montagne qui devait devenir fameuse « Le Plémont », nous subissons là le régime « secteur » pendant quarante jours !

Après avoir été relevés par la Légion étrangère, nous passons devant Roye où, sans débrider, nous « arrangeons » le décor pendant soixante jours.

Ce furent là les derniers cent jours du Groupe léger !

Il avait vécu !

Ce groupe errant devait se fondre dans un nouveau régiment d'infanterie : le 9e cuirassiers à pied !

Tous ces hussards, ces dragons devenaient, sous une invocation magique et par la grâce du général en chef, des cuirassiers ! C'était drôle !

Ils formèrent un bataillon 1/2 dans le 9e et ce lui fut un appoint solide.

Il y avait longtemps qu'on ne souriait plus à son passage !

L'histoire du 9e cuirassiers qui fait suite prouvera combien le groupe et son chef, le commandant de Vaucresson, restèrent valeureux. Ils étaient dignes l'un de l'autre !

II

LE IXᵉ CUIRASSIERS A PIED

Juillet 1916.

Non loin de Granvilliers, dans l'Oise, se trouve Dargies, un petit village ; c'est là que pendant les mois torrides de juillet et août 1916 s'ébaucha l'œuvre dont de notables stratèges d'outre-Rhin devaient dire plus tard « elle est marquée de l'estampille des héros ; ils ont la fougue de leurs ancêtres » !

Que de randonnées ! que de prises de thalweggs ! Sous un soleil ardent !

Il fallait être à la peine pour briguer d'être à l'honneur !

Sous la direction d'un chef de belle envergure, le Colonel Thureau, l'œuvre commencée par le Commandant de Vaucresson se poursuit.

On a démonté d'autres dragons, on a démonté des cuirassiers, avec le bataillon léger on forme trois bataillons dont l'étendard flottera désormais sous l'écusson unique du 9ᵉ cuirassiers à pied !

Adieux aux cavales légères ! Adieux définitifs aux

charges impétueuses, aux patrouilles fantastiques à
la du Vigier...

Et les charges dans les roses sont devenus de l'Es-
parbès préhistorique ! Il y a bien des regrets ! la néces-
sité est de nouveau impérieuse, il faut des fantassins :
en voilà !

A peu près au moment où la Roumanie se met
sur le plateau des alliés, le 9ᵉ s'installe en face de
Péronne, à Biaches, au déclin de la bataille de la
Somme.

Nous traversons des pays désolés, ruinés ; des
terrains qui ont l'aspect de vagues, de ravins-enton-
noirs où dorment des soldats !

C'est Cappy, Herbécourt, Flocourt !

Et partout, aux flancs des montagnes, le long des
vallées, des campements de T. C. et d'échelons d'artillerie.

Le décor donne l'impression du secteur d'offensive.

Les routes sont envahies par d'interminables convois.

Le plateau d'Herbécourt est inondé d'artillerie mal
dissimulée et c'est un duel permanent, implacable.

Biaches est divisée en deux parties... pas de zone
neutre, 50 o/o est français, 50 o/o boche !

Les balles, les grenades, les torpilles et obus de
tous calibres s'échangent. C'est un concert anti-clas-
sique donnant la sensation du Wagner amplifié !

5 septembre.

Le 1er bataillon attaque Ommiécourt après avoir traversé le canal pris d'enfilade par les batteries boches, puis environ mille mètres de terrain à découvert, sous l'œil vigilant des canons du mont Saint-Quentin près de Péronne.

Cette opération menée avec vigueur par les capitaines de Prunelé, West et du Vigier, soutenue par une artillerie précise obtint un succès absolu.

La garnison d'Ommiécourt fut complètement anéantie.

Les cuirassiers ne daignèrent prendre qu'un peu de butin, vivants trophées, utiles pour les renseignements à recueillir.

Nos pertes furent insignifiantes.

Dans ce brillant fait d'armes il convient de signaler particulièrement la valeur et le courage du lieutenant Ducrocq, du sous-lieutenant Meunier, du maréchal des logis Izambart, du cavalier Salé, qui par des patrouilles préalables et par la prise d'une mitrailleuse allemande qui allait déclancher un tir efficace sur nos hommes, contribuèrent au succès de l'opération.

Après une période de calme nous revenons devant Barleux pays écrasé où croupissent les boches...

Nous trouvons là le bois de Boulogne... Quelle ironie ! pour y parvenir il faut traverser Flocourt, atrocement marmité. Je vous conseille l'avenue de la Grande-Armée... c'est moins dangereux !...

Là s'évanouit la douce figure du lieutenant Gombault tué par une torpille.

Décembre 1916.

Puis l'offensive s'arrête... c'est l'hiver! on nous enterre dans la forêt de Laigue non loin de Compiègne.

Grisaille du ciel, arbres nus, fougères rouillées...

Décembre nous apportera de la neige!

C'est la vie de secteur. Nous passons la nuit de Noël, le troisième Noël de guerre, dans des trous à Tracy-le-Val!

Le fort Laguerre! Les Ailerons! et derrière nous le castel presqu'intact de la marquise de Ganay... On cherche les cygnes dans l'étang du château...

Je revois un petit cimetière sous la nuit lunaire. C'est Noël! dormez en paix nos morts chéris...

Tracy était une ligne calme, les cuirassiers l'ont puissamment organisée, puis agitée. Peu de sommeil pour les boches!

L'un après l'autre les bataillons se sont distingués dans les coups de mains. Toutes les compagnies sont patrouilleuses, il n'est pas besoin, comme chez les boches, d'entraîner des troupes spéciales.

Il semble que là on se soit fait la main pour les combats futurs. Quelques brillantes patrouilles sont

demeurées dans toutes les mémoires. Je les détache
du carnet de M. le capitaine de Chantérac.

MORT HÉROIQUE DU MARÉCHAL DES LOGIS BOLEY
(22 JANVIER 1917).

Le maréchal des logis Boley avait été chargé de l'attaque par surprise d'un poste d'écoute allemand.

Dans la nuit du 21 janvier 1917, à 1 heure 30 du matin,
il sortait de nos tranchées avec sa patrouille composée de
six cavaliers du 6e escadron : Minar, Courmont, Ponseel,
Nolasque, Vandermouten et Leyendecker.

Une demi-section de la même unité était en réserve.

La patrouille arrive aux fils de fer ennemis et y pratique
une brèche où elle se glisse. Le poste est presque atteint.
Il n'est plus qu'à quelques mètres, lorsque surgit un obstacle imprévu ; un grillage de 1 mètre 50 de haut se
dresse, insoupçonné jusque-là. Nos hommes veulent le
couper. Ils sont éventés et reçoivent quelques coups de
feu. Sans perdre son sang froid, le Maréchal des Logis,
qui parlait très bien l'allemand, interpella les factionnaires
du poste en leur donnant l'ordre de cesser le feu et de lui
indiquer la chicane pour lui permettre de rentrer dans le
poste allemand, leur disant qu'il était officier allemand et
qu'il s'était égaré. Une sentinelle lui demanda le mot,
mais Boley lui répliqua qu'il n'y avait pas de mot pour les
officiers et qu'il ferait punir en rentrant ce soldat qui lui
manquait de respect. Impressionné, le factionnaire appela
son chef de poste.

Alors le maréchal des logis Boley sentit que la ruse
allait être éventée. Arrivé aussi près du but, il voulut au
moins causer à l'adversaire le plus de dommage possible.
A son signal, nos grenadiers bombardent le poste ennemi.

Les Allemands répondent à coups de grenades, à coups de fusil, à coups de revolver même. Les munitions s'épuisent, mais l'acharnement de nos hommes est magnifique. Ils reviennent chercher des grenades à la demi-section de soutien, et repartent bombarder le poste allemand. C'est alors que le maréchal des logis Boley est frappé d'une balle de revolver en plein cœur. Il tombe sans prononcer une parole. Deux de ses hommes, Ponseel et Nolasque sont blessés au même instant. L'action de la patrouille est arrêtée.

Nos hommes n'abandonnèrent pas leur sous-officier et leurs camarades blessés. Sous le feu de mousqueterie et de mitrailleuses déclenché par l'ennemi en éveil, les quatre hommes restants ramenèrent dans nos lignes le corps du maréchal des logis Boley et leurs deux camarades blessés. Le retour se fit sans hâte dans le plus bel ordre, sous la protection de la demi-section de soutien.

COUP DE MAIN DU 3 FÉVRIER 1917

A la suite d'une étude minutieuse et de plusieurs reconnaissances préalables, un coup de main est exécuté le 3 février, sous la direction du chef d'escadrons de Vaucresson, commandant le 2e bataillon, par le 6e escadron, capitaine de Reviers. L'objectif est un saillant des lignes ennemies de Tracy-le-Val.

Trois groupes, commandés respectivement par le lieutenant de Sartiges, le sous-lieutenant d'Elva et le sous-lieutenant Chassaing y prennent part.

Une préparation d'artillerie très efficace favorise le départ des troupes d'attaque qui s'élancent à 17 heures 25, et parviennent jusqu'à la deuxième tranchée allemande.

Les abris allemands sont nettoyés et quelques prisonniers sont faits par les groupes du lieutenant de Sartiges et du sous-lieutenant d'Elva. Le sous-lieutenant Chassaing a plus de chance encore, et ramène un groupe important de fantassins du 159ᵉ régiment (213ᵉ Division allemande).

La première vague avait dépassé avec ardeur la première tranchée ennemie, non sans y avoir jeté des grenades, et arrivait à la deuxième tranchée, où elle continuait son travail. Le sous-lieutenant Chassaing était chargé de conduire une fraction de la deuxième vague. Un moment donné, il se trouve seul devant l'entrée d'un abri de la première tranchée allemande. Il y entend du bruit. C'est que les grenadiers de la première vague sont passés un peu vite et il reste encore du monde en dessous. « Sortez » leur crie le sous-lieutenant Chassaing. Mais les Allemands ne bougent plus.

Arrive alors le cavalier Chatelain, agent de liaison, porteur d'un ordre pour le sous-lieutenant Chassaing. Celui-ci profite de ce secours inespéré et prend vite sa décision. Chatelain n'avait plus sur lui que des grenades. L'officier lui passe son revolver. On vérifie le fonctionnement de la lampe électrique de poche de Chatelain, et celui-ci descend tranquillement seul dans l'abri, tandis que l'officier sans arme attend à la sortie.

Dans l'abri étaient disposées des couchettes de part et d'autre. Une à une, Chatelain les visite avec sa lampe de poche le plus calmement du monde. Il n'y a plus personne ! Si, cependant tout au fond de l'abri, voilà tous les Allemands serrés les uns contre les autres. Un instant d'éclairage avec la lampe électrique, un par un, Chatelain les fait sortir, le sous-lieutenant Chassaing les recueille à la porte, les groupe, les aiguille dans la bonne direction, vers nos lignes.

La prise était bonne ; les Allemands étaient dix-neuf.

Ce coup de main eut les honneurs du communiqué officiel, sur lequel on mentionnait : le 4 février à 15 heures, entre l'Oise et l'Aisne, nous avons réussi un coup de main sur les tranchées allemandes de la région de Tracy-le-Val, et ramené 22 prisonniers.

Cette série de petites attaques donna aux boches l'idée de vengeance. Le 18 février après un tir violent de torpilles et d'obus ils tentèrent un coup de main qui échoua totalement, arrêté net par les fusils mitrailleurs et par les mitrailleuses de la 1re compagnie.

Les Allemands, en guise de trophées, laissèrent les cadavres des leurs sur nos barbelés...

Hélas ! nous avions à déplorer la mort du lieutenant Martin, un des officiers les plus braves du régiment.

Le 5 mars alors que le manœuvre de repli boche s'organisait, la 5e compagnie ramenait le dernier boche, oublié là... A lui seul il remplaçait un bataillon... lançant des fusées, faisant du vacarme.

Il avait une permission en poche... qu'il est allé passer en France !...

Et c'est alors le recul boche officiel... Au delà de Chauny et en lisière de Saint-Quentin... c'est de la fatigue sans résultats...

Viennent les journées d'avril 1917 où, sous le pâle soleil, éclatent encore les fleurettes d'espoir.

Nous revivons les heures de septembre 1915.

Chacun pense ; « cette fois nous le tenons, il n'échappera plus ».

La fatigue s'oublie... on marche.... très lentement.... on espère.... on espère encore.... on n'espère
plus !

Les tanks n'ont pas percé ! des régiments magnifiques sont décimés !

De la gloire, du sang ! faible avance, on prétend
que nous sommes trahis !

L'étoile d'un Général pâlit... elle brillera ensuite
plus éclatante que jamais quand la vérité éclairera
enfin cette obscurité !...

C'est le retour lamentable des heures douloureuses
de 1914.

Ce prélude de 1917 qui fut l'ère du plus grand
espoir devait être suivi d'un profond décourage-
ment.

Pour qui a vu le soldat en mai, ce n'est pas sans
un frisson de crainte. Alors la défection morale écrivait d'une main lâche le mot stigmate : défaite !

A la gloire du 9ᵉ il faut le dire : pas un n'a bronché :
Ils étaient las ! ils n'espéraient plus guère ! pas un ne
s'est révolté si ce n'est contre sa carcasse !

Certes ceux qui vécurent dans cette atmosphère de
révolte sans être gangrenés devaient marcher au
triomphe !...

27 avril 1917.

Des rives charmantes de la Marne, près de Meaux, où le régiment se reposait quelques jours, le 27 avril départ en autobus par la forêt sauvage de Villers-Cotterets, on arrive à Ambleny, petit village à demi supprimé par le premier passage barbare.

Nous voyons les premières communions et fleurir sous le soleil printanier les premiers boutons d'or.

« Mignonne voici l'avril le printemps revient d'exil »

cela chante dans les cœurs ! Quelle est belle la séré-nade du passant !

Mai 1917.

...Des coloniaux fameux se heurtant à une défense acharnée n'ont pu enlever les ruines d'un château et d'un moulin.

Sous les ordres du général Brécard, trois régiments de cuirassiers 4, 9 et 11, forment une division qui attaquera avec les tanks.

C'est le Chemin des Dames, que les trois princesses seraient épouvantées de parcourir en cette sombre année 17.

Le Chemin des Dames ! cela sonne comme l'Yser et comme Verdun, comme la Somme et l'Argonne !

C'est le chemin rouge !

Sous la direction du colonel Thureau, le régiment donne au centre.

C'est le 5 mai. L'heure H est 4-H45. Le 2e bataillon

doit mener la danse. Aligné dans la parallèle de
départ il reçoit la bénédiction de l'abbé Royer. Minute émouvante !

Ils s'envolent !

Et c'est l'avance invincible malgré les nids de
mitrailleuses ! malgré les abris blindés, ces redoutes
dangereuses... ils sont irrésistibles !

Tous les officiers de la 5ᵉ compagnie tombent. Il ne
reste que le lieutenant Réau.

Le maréchal des logis Domère entraîne le reste de
la compagnie.

La tranchée du Rouge-Gorge débordée est dépassée.

Tandis que des patrouilles de nettoyeurs s'em-
ploient en des corps à corps terrifiants à débarrasser
cette tranchée de ses derniers occupants.

La lutte est dure, les Allemands refusant de se rendre et l'avance est ralentie par le tir de mitrailleuses
invisibles !

Le 3ᵉ bataillon vient renforcer le 2ᵉ, il se place à sa
droite et vers 18 heures dans un superbe élan com-
biné, nos troupes atteignent la route de Maubeuge et
dépassent la tranchée du Loup.

La nuit se passe sur les positions conquises.

Le lendemain le bataillon Boulanger, soumis à un
barrage boche impressionnant, s'élance sans hésitation pour une nouvelle attaque. En un temps très
court, malgré de très grosses pertes, il atteint ses
objectifs.

Il convient de détacher du carnet du capitaine de Chantérac l'épisode de la carrière 66 *ter* où s'illustrèrent les maréchaux des logis Rouziès et Desmartins.

ÉPISODE DE LA CARRIÈRE DU 66 *ter*

Au centre de l'objectif assigné au 3ᵉ bataillon le 6 mai se trouvait la carrière 66 *ter*, près de la route qui descend sur la partie sud du village d'Allemant.

Le maréchal des logis Rouziès, du 9ᵉ escadron, aperçoit au cours de sa progression une cheminée d'aération, qui lui indique la proximité du but. Les entrées des carrières sont tournées vers l'ennemi et sous le feu de ses mitrailleuses. Ne connaissant pas exactement leur disposition Rouziès détache deux grenadiers, Panis vers la droite et Mounier vers la gauche, pour les reconnaître. Mounier arrive le premier à une entrée. Il y voit une sentinelle, quelques grenades, et la sentinelle s'éclipse à l'intérieur des carrières. Une seconde entrée se présente. Rouziès la fait surveiller par des fusils mitrailleurs, et, rassemblant une douzaine de cuirassiers, pénètre hardiment dans la carrière du 66 *ter*.

L'obscurité la plus complète y règne, le plus grand silence aussi. Et pourtant, d'après les déclarations de prisonniers, ce devrait être l'abri d'au moins une compagnie. Tout à coup un flot de lumière aveugle notre petit groupe. Une porte s'est ouverte, montrant une chambre brillamment éclairée. Panis s'approche de la porte; ébloui par la lumière il ne voit pas un officier allemand qui, à bout portant, tire sur lui plusieurs coups de revolver. Mais il n'est pas atteint. La porte se referme brusquement et la brave équipe de Rouziès se trouve de nouveau dans l'obscurité

complète. Elle n'a que des grenades ; aucun adversaire ne
décèle plus sa présence. Panis retrouve la porte de tout à
l'heure. Elle est enfoncée en un clin d'œil. La chambre est
luxueusement meublée avec le dernier confort. Mais son
occupant a dû fuir par quelque issue cachée. Il reste des
papiers en désordre dans le tiroir de la table. Le cavalier
Demange remarque un appareil téléphonique ; il porte
l'écouteur à son oreille. Il y entend un bruit de voix : on
l'appelle. Parlant très bien l'allemand, Demange engage la
conversation avec son interlocuteur inconnu. Mais celui-ci
au bout de quelques phrases découvre sans doute la super-
cherie ; il se tait, Demange rend alors l'appareil inutili-
sable.

Rouziès continue à fouiller les recoins de la carrière. Le
voilà en présence de trois officiers allemands. Une somma-
tion, et ils se rendent.

Nos braves repartent dans la carrière, éclairés quelque
peu par la porte laissée ouverte de la chambre du télé-
phone. Mais cette fois l'ennemi manifeste sa présence.
Comment décrire cette lutte épique dans une obscurité
presque complète, à coup de grenades et à coups de revolver ? Combien ont-ils d'adversaires en face d'eux. Nos cuirassiers l'ignorent ; ils vont toujours de l'avant. Tout à
coup, ils distinguent un groupe d'ennemis qui lèvent les
bras, découragés. Il y en a une cinquantaine. Rouziès
expédie tous ses prisonniers à la sortie, avec deux ou trois
gardiens pour les ramener vers l'arrière. Mais, à peine
dehors, tout le groupe est pris sous le feu des mitrailleuses ennemies qui y font des ravages. Il devient très difficile de traverser ce terrain de jour.

Après avoir ainsi progressé avec sa petite troupe dans la
carrière, Rouziès dut prendre le parti de s'en tenir là. Les
Allemands résistaient maintenant énergiquement et refu-

saient de se rendre. Sa poignée d'hommes malheureusement réduite, était à la merci d'un incident; et il avait
perdu la liaison avec le reste de notre ligne de combat.
Évitant des pertes inutiles, il attendit la nuit, face à face
avec l'ennemi ; puis, ralliant son monde il sortit de la
carrière, et à 200 mètres de là, reprit sa place dans nos
lignes, qui selon les ordres supérieurs étaient en train de
s'organiser.

Malheureusement les gains de notre régiment ne
peuvent être maintenus. Les régiments voisins
n'ayant pu conserver leurs positions sous la pression
boche.

Il faut rétrograder pour maintenir le niveau.

Et c'est seulement le 7 que le 1er bataillon refoule
impétueusement les boches qui s'infiltrent. La lutte
est ardente mais son résultat est définitif.

Pendant les journées qui suivirent le boche entièrement dominé n'a pas réagi.

Je soumets ce récit d'un chef de section qui met
en relief la valeur morale et le courage des cuirassiers.

« Laffaux !... je suis parti. J'ai dit : « alignez-vous ! »
ils se sont alignés et ils allaient mourir. Arrêtés à la
première tranchée par une section boche, nous l'avons
réduite puis avons retrouvé un de nos hommes perdu
pendant la nuit à l'histoire de la tranchée du Cerf ! il
avait passé la nuit dans les barbelés boches attendant
notre venue.

Les hommes tombent. Les survivants me rendent compte des pertes élevées.

Tous les officiers sont tués et combien autour d'eux.

Nous sommes une poignée de débris qui avançons jusqu'au delà du moulin, comme à la promenade... une poignée de vainqueurs !

Nous étions vainqueurs dans la gloire du soleil levant avec une foule d'avions nous survolant et la grande voûte bourdonnante des obus allant s'écraser dans l'invisible ravin d'Allemant...

Halte d'une demi-heure !... essai de nouveau départ : nous sommes cloués sur place par des mitrailleuses. Nous enrayons alors des contre-attaques boches...

Et c'est une nouvelle attente sur le terrain avec le spectacle : la progression splendide du 4e cuirassiers à notre gauche.

Nous passons une nuit hideuse sous la pluie torrentielle !

Ah ! les hommes furent magnifiques ! les F. M. se remplaçant pendant la progression, comme à la manœuvre... des pourvoyeurs quittant leur sac tranquillement pour prendre le fusil d'un mort !

Dans la matinée le commandant de Vaucresson est venu seul : col de capote retourné, caleçon pendant sous la bande défaite... il m'a dit : « ce que vous avez fait est très bien, vous êtes l'élément le plus avancé

de mon bataillon, je vous félicite de votre prise de
commandement».

— Je ne puis hélas ! m'en féliciter, mon commandant... mes officiers !...

— Ne parlons pas de cela pour l'instant... montrez-
moi votre ligne.

— Je vous la montrerai d'ici, mon commandant,
on ne peut passer par cet éboulement, une mitrailleuse est braquée dessus... tous ceux qui y sont passés ont été tués !

Nous étions alors seuls.

Le commandant a dit :

« Il y a déjà tant de morts, je dois y aller ! »

Il est passé debout sur l'éboulement, je l'ai suivi...
la mitrailleuse nous a manqués !

Sur nos officiers je sais mille traits splendides. Ils
sont tombés héroïquement. Je me prosterne devant
eux.

...Et le retour de la bataille : des grottes de Margival nous passons au cimetière improvisé à l'abri de
la montagne ; chaque jour on les amène par centaines
du charnier et ils attendent leur tour pour revenir à
la terre. Le commandant avait dit : « passez par le
cimetière les corps de vos officiers y ont été amenés,
vous leur rendrez des honneurs ! »

Le chemin était ignoble... on enfonçait à mi-jam-
bes et devant des cadavres alignés, sous un ciel
sombre dans lequel montait une odeur de pourriture,

j'ai commandé à la pauvre 5ᵉ compagnie « Halte !
garde à vous ! arme sur l'épaule ! les corps de vos
officiers et ceux de vos camarades sont là, nous
allons passer devant eux, en avant ! »

Je n'ai jamais vu de plus splendide défilé, un pré-
sentez-arme impeccable, une cadence miraculeuse
dans cette boue, des corps plus droits, des têtes ten-
dues vers ces corps... et des yeux plus gros de
larmes, des mâchoires plus contractées de dou-
leur et de volonté vengeresse. Ce fut une chose
sublime ! »

Mais à côté d'un bilan superbe, d'une avance nota-
ble là où des troupes d'élite avaient échoué, que de
pertes !... des morts sont par centaines... et demain
le bon bourgeois paisible lira le communiqué sanglant en dégustant son chocolat !

Les tranchées du Cerf, du Rouge-Gorge, du boyau
de l'Ibis, la route de Maubeuge, les Carrières, resteront dans la mémoire des cuirassiers.

Je reverrai toute ma vie le colonel Thureau embras-
sant le commandant de Vaucresson... et ce dernier
pleurant la mort de ses hommes, de ses amis, de ses
enfants ; dans une anfractuosité des Carrières il son-
geait à ceux qui vivaient hier !

La relève arrive... Les débris du régiment défilent
sur la route de Soissons. Il en est vêtus de dépouilles
boches... ils sont comiques ! ils rient encore tous ces
héros comme des enfants.

On passe devant un camp de prisonniers. J'ai lu
la haine dans plus d'un regard ... on passe et c'est
Soissons... c'est le calme près des tours de Saint-
Jean-des-Vignes.

Laffaux ! c'est un rude souvenir.

Fin mai 1917.

De Soissons nous obliquons sur le pays du père
Dumas : Villers Cotterets; on se reforme. On rend un
solennel hommage aux morts du régiment et pour la
gloire des survivants on les cite à l'ordre de l'armée !

Viennent les journées délicates où l'on craint d'être
obligé d'arrêter une division mutinée faisant de la
marche arrière... les mitrailleuses sont braquées sur
la route de la Ferté-Milon... une journée angoissante
s'achève. Rien ! La division rétrograde est passée
ailleurs...

Quelle épine enlevée des cœurs !

L'époque est douloureuse. C'est un temps de panique possible !

Enfin un homme monte, un chef, c'est Pétain ! Il
connaît les poilus, il a vécu près d'eux, il n'ignore
rien de leurs souffrances. Il sait agir comme il convenait d'agir. L'armée française est sauvée !

La gangrène n'a pu monter, le corps est sauf, on
triomphera !

Juin 1917.

Nous délaissons Villers-Cotterets pour la région de
Chauny. Un secteur s'offre. Nous le prenons. Les

mois d'été, d'automne et d'hiver se passeront dans ce pays.

Je ne puis laisser sous silence l'état de Chauny. C'est un chef-d'œuvre de destruction. En opérant leur repli méthodique de mars dernier les boches ont fait l'office de barbier sinistre, ils ont scalpé la ville avec une incomparable maestria... C'est achevé! bravo messieurs les Nietzchéens on ne pouvait mieux faire !

Le secteur est tranquille mais une troupe offensive ne sait pas conserver un coin dans l'état paisible où elle le trouve... les cuirassiers montreront là encore leur combativité... Ce seront des patrouilles perpétuelles, des harcèlements de mitrailleuses... il y aura des fêtes où les artilleurs s'en donneront de grand cœur !

Cependant que derrière, la forêt, parée de toilettes successives, s'offre merveilleuse de beauté... La nature ne descend jamais, elle donne son charme, en souveraine, malgré la guerre. La fureur des hommes ne l'atteint pas !

Je sais là-bas, dans les ruines qui s'alignent sur la route de Chauny à Soissons... des roseraies abandonnées ! Que de fois j'ai songé aux habitants... où sont-ils ? Ah ! que de misères ! que de peines quand ils reverront leurs maisons : des ruines !

Nous conservons ce coin jusqu'en plein hiver, tandis que se détachant du régiment le 3e bataillon se livre à un intermède héroïque, il s'agit d'accompagner les tanks dans l'attaque de la Malmaison ; là, comme ailleurs, le 9ᵉ cuirassiers marque son passage magistralement et nous avons le plaisir de reproduire quelques lignes extraites du *Journal d'un engagé volontaire* signées du lieutenant Binet-Valmer :

INFANTERIE D'ACCOMPAGNEMENT

Cette dernière porte un nom qui déroute. Elle est composée, en effet, de cavaliers appartenant aux compagnies de cuirassiers à pied. Ils auront dans la bataille le rôle le plus difficile et le plus ingrat. On dit que les tanks franchissent n'importe quel obstacle. Absurde légende qui démonétise notre arme. Nous passerons partout, si l'on nous aide. L'infanterie d'accompagnement est là pour nous aider. Elle préparera le franchissement des tranchées à l'intérieur de nos lignes, elle nous suivra sur le bled, elle nous protégera si la fâcheuse panne nous arrête. Elle a un autre devoir. Malgré ses périscopes, le tank est aveugle, il faut lui indiquer sa route et parfois les objectifs de son tir. Nous comptons sur nos cuirassiers, nous n'avons pas tort. Il n'est pas un de nos camarades qui, après la Malmaison, ne leur ait voué de la reconnaissance. »

... Puis c'est le secteur des montagnes : le crottoir

devant les ruines du château de Coucy...le sire serait
fort étonné de voir cette guerre dans les trous ! Le
secteur mal organisé, difficile à défendre, fait passer
au régiment de très mauvaises heures... Ce sont des
attaques permanentes, des obus asphyxiants à pro-
fusion, du canon perpétuel. Mauvais endroit ! Mauvais souvenirs ! et tombeaux pour beaucoup de nos
camarades !

Et c'est enfin le repos à quelques kilomètres de
Soissons, dans un village bordant la route Noyon-
Soissons...

C'est un repos préparatoire ! on dit secrètement
que la division Brécart servira de « tampon » dans la
fissure possible !

Les mois de fin d'hiver passent ! nous les employons
aux distractions du sport, du théâtre et de la musique !...

Cette diversion est indispensable à ces hommes
qui, depuis trois ans, errent partout et n'ont, comme
reflets de la vie passée, que les courtes permissions
et les lettres.

Au spectacle improvisé je les regarde parfois ces
hommes. Je contemple sur leurs traits les souffrances
vécues. Ils ignorent qui ils sont, ce qu'ils ont fait, et
c'est là leur gloire d'être des héros sans le savoir.

L'année 1918 devait être une année pénible... tout
se jouera dans les neuf derniers mois, les plus terribles qui furent !

Combien de fois j'ai songé à tous ceux qui vinrent applaudir notre troupe... au moins ceux qui ne sont plus ont emporté le souvenir de quelques heures charmantes où ils pouvaient évoquer le passé paisible.

Combien de fois aussi j'ai songé à notre troupe, si disloquée depuis ! Nous avons joué « L'anglais tel qu'on le parle » cet acte du spirituel Tristan... En parcourant la figuration depuis Betty jusqu'au domestique, je n'en trouve qu'un seul qui n'ait pas été touché... l'interprète, grâce à sa connaissance de l'anglais sans doute !

Et les vides chez nos musiciens et chez nos auteurs de l'alerte revue « Rien ne vaut qu' « Ressons », oui que de vides !

Que de bonnes volontés nous rencontrâmes à ce moment. Avant de se battre eux-mêmes, tous nos artistes improvisés se surpassaient pour dérider leurs camarades. Ils firent de la bonne besogne anti-spleenique !

Fin mars.

Quelques jours aux environs de Senlis, la ville du souvenir, où s'incruste aux flancs de la mairie le « N'oubliez jamais ! » Subitement, dans le farniente, éclate le 22 mars l'appel désespéré de la Vᵉ A. Anglaise ! Les boches ont attaqué violemment de l'Oise à la Somme ; ils tentent leur grand effort prévu. Ludendorff et Hindenburg ont accumulé leurs réserves.

Nous allons servir de « tampon ».

Pris en autos, traversant Compiègne marmitée par les avions, puis Noyon, dans la nuit nous débarquons entre cette ville et Chauny ; à Babeuf, on campe dans le bled !

Qu'allions-nous faire ! pas de mitrailleuses, elles suivent à quelques heures !... pas d'artillerie... la nôtre est sur la route en ce moment !... Il paraît qu'il s'agit seulement de travaux de soutien à l'arrière... travaux herculéens sans doute car, en face de Tergnier, devant le bois de Rouez, organiser la position de 2ᵉ ligne de la Maison du Garde à la côte 99 est un leurre ! Nous constatons plutôt un recul anglais et les mouvements rapides des batteries qui débouchent et se plantent en plein champ, à découvert.

Les positions reconnues, le colonel donne l'ordre de s'attacher au terrain, mais l'avalanche allemande augmente de vigueur... les Britanniques refluent et dépassant nos lignes, deviennent nos réserves !

Les boches arrivant sur la crête sont nettement figés par les feux de la 7ᵉ compagnie.. Il y a un temps d'arrêt, puis reprise... les compagnies Agnus et Trocmé résistent magnifiquement. A un moment critique on entend le commandant de Vaucresson, de sa voix formidable crier : « A moi Cottu ! » et de sa tranchée de réserve la 5ᵉ compagnie s'élance. Les Anglais se reprennent devant un tel élan cependant que les réserves boches affluent toujours. On ne pourra maintenir longtemps, il faut attaquer !

L'ordre est donné au 1er bataillon qui se trouve à la corne sud du bois de Frières. Ces hardis compagnons vont attaquer sans aucune préparation d'artillerie. Sacrifice sublime pour retarder d'un jour l'avance boche, pendant ce temps nos réserves arriveront.

Deux compagnies sortent du bois, franchissent le verger précédant la Maison du Garde et se portent rapidement à des éléments de tranchées qu'occupent encore des mitrailleuses du 76e et des Anglais ; d'un deuxième bond, ils sont à la Maison du Garde... Alors, de toutes parts devant eux, l'artillerie ennemie crache, les mitrailleuses crachent, c'est un torrent ! Le capitaine Bonamy tombe, le sous-lieutenant Edouard tombe et d'autres et d'autres encore... Il y a une seconde d'hésitation, le commandant Larmoyer la saisit, d'un bond de tigre il se porte à l'avant de son bataillon pour l'entraîner magnifiquement ; il est presqu'aussitôt blessé à la cuisse, on le ramène et il est de nouveau blessé, mortellement cette fois. Mais le bataillon est lancé, ils vont tous à la mort comme ceux de Reischoffen !

Les débris de ces fougueuses vagues sont refoulés par une contre-attaque boche. L'ennemi, sans cesse renforcé de réserves fraîches est très sensiblement supérieur ; il avance ! et le recul franco-anglais s'opère.

Le capitaine de Ferque avec sa compagnie en réserve à la corne du bois se rend compte de la situation. Il rallie sa troupe, la jette dans le gouffre pour parer le recul et lui, détaché d'elle, se jette sur une mitrailleuse boche, il est tué ainsi que l'aspirant Marielle qui déjà blessé n'avait pas voulu se retirer.

... La lutte est cependant trop inégale. L'adversaire est nombreux, soutenu, renseigné. Nous ignorons tout du terrain, nous n'avons plus de munitions, c'est atroce !

Nous nous replions sur les crêtes derrière Rouez pour nous organiser ensuite en lisière de la route Villequier-Chauny.

Dans le lointain boche des feux s'allument en amphithéâtre... des villages flambent !

Par la nuit noire, on patrouille, on ramasse les blessés, on se reforme. Quelle journée ! Les courages furent magnifiques, les pertes lourdes. Le communiqué boche mentionne que ce fut la première journée de grande résistance... celle qui peut-être contribua à sauver le cœur de la France.

Enfin, dans la nuit, des munitions et des mitrailleuses arrivent. Joie ! Demain la lutte recommencera, on s'y attend et le nocturne se passe dans des trous hâtivement faits, nuit d'attente glaciale et noire. Il y a de longues périodes de calme coupées par des coups de feu et par le roulement du canon.

Le matin par un brouillard qui les favorise, les

Goths attaquent Villequier-Aumont qu'ils contournent. Pris d'enfilade, nous allons être cernés dans l'ignorance absolue du danger. Quand l'ordre arrive de se replier... cela se fait à la boussole vers la côte 91... on ne voit rien à un mètre. Le brouillard qui a permis la surprise de l'attaque, nous sauve ; on tire péniblement les mitrailleuses dans la boue... fatigués on avance et sur le plateau de Commont il y a un arrêt. Le brouillard s'est dissipé ; à gauche c'est une fuite éperdue sur la route ; les convois anglais sont talonnés par l'artillerie. Il semble que la gauche cède, cède... Nous ne pouvons rester accrochés où l'histoire de Villequier aura sa deuxième édition.

Le colonel Thureau est blessé en 1re ligne sur le plateau infernal que fouillent les mitrailleuses. Le commandant de Vaucresson prend le commandement du régiment.

Nouveau recul ! J'ai vu là des blessés très graves se traîner encore pour rejoindre les nôtres... il n'y avait plus de brancard, on les portait sur des fusils... Un cheval d'artillerie échappé, erre dans la plaine ; on campe un blessé dessus. Cortèges lamentables qu'on croise dans les champs... et ceux qui ne peuvent vraiment plus se traîner, qu'on ne peut transporter, ont des regards suppliants. Les boches sont derrière. C'est l'arrêt à Callouël ! là il faut tenir coûte que coûte !

Le marmitage est serré, puissant, mais notre

gauche, en mauvaise posture, doit contre-attaquer, il faut qu'elle ait un flanc solide. Le régiment s'incruste au sol malgré la fatigue extrême de nos hommes qui sont tendus depuis soixante-douze heures sous les rafales !

Les nouvelles positions ayant été criblées de balles de mitrailleuses semblant venir d'une meule de paille, les capitaines d'Espiès et Labouche décident une reconnaissance ; ils sont suivis du lieutenant Chassaing, des maréchaux de logis Guillardeau et Duchellier et d'un officier anglais... Ils reconnaissent l'endroit, mais éventés, ils ne peuvent s'échapper d'un cercle boche. Seuls, en rampant jusqu'à nos lignes, reviennent le capitaine Labouche, le maréchal de logis Duchellier. Le lieutenant Chassaing est tué, le capitaine d'Espiès blessé est prisonnier ainsi que Guillardeau... Quant à l'Anglais ? mystère !

Etait-il anglais ? C'est là le grave inconvénient de mélanger des troupes de différents langages. Les hasards de la bataille les mêlent inextricablement et ce mélange, au lieu d'augmenter la force, la paralyse souvent.

Toute la nuit on tient là. Le matin nous y retrouve, mais la gauche, malgré ses contre-attaques répétées, reflue de nouveau.

Pour ne pas être contournés il faut rétrograder sur Crépigny... puis, par Grandru, Babeuf, le Canal... c'est la retraite ! heures pénibles !

Nous traversons ces pays écrasés à demi. Quelques habitants y sont encore ; une vieille insiste pour qu'on la laisse mourir auprès de ses ruines.

Sur la route des convois, de civils, de soldats... tristes caravanes !

Une odeur d'incendie, de poudre et de gaz s'épand dans l'atmosphère. C'est la retraite !

Nous avons la joie de voir d'autres régiments équipés, frais, soutenus, nous remplacer dans la bagarre.

Pendant trois jours nous avons tenu un coin qu'on lâchait sous le poids du nombre, dans des terrains ignorés, sans artillerie, sans mitrailleuses le premier jour et devant un ennemi offensif, bien armé, bien outillé, gonflé de l'orgueil de ses succès sur tous les points de son attaque !

Que de morts encore !

Mais les sacrifices ne sont jamais vains. Répétés sur toute la ligne de bataille où les divisions françaises bouchèrent les fissures britanniques, le boche s'est arrêté !

Avril 1918.

Ces reculs sanglants nous valurent le commandement unique. Foch est né ! il va prendre toutes les rênes en mains. Patience ! Les Etats-Unis entrent en scène : la balance va pencher.

Transformé en régiment de pionniers, le 9ᵉ orga-

nise en avril une solide position de repli, fraction
de celle allant de Noyon à Soissons. Le mois de
mai nous découvre devant Lassigny dans le parc
du Plessier où pourrissent encore les cadavres
boches de la dernière offensive ; les bois sont mutilés, le château écrasé, toute la région morne porte
les traces de violents combats cependant qu'un
chant monte de la nature redonne espoir. Le printemps éclate, les feuilles vont naître qui permettront
de tisser la couronne de victoire.

Il reste de la besogne, patience toujours !

Mai 1918.

On s'attend à une nouvelle offensive de l'envergure de la précédente. Il faut fouiller devant soi,
connaître les forces ennemies, il est de la première
importance d'être renseigné. Le régiment doit attaquer Lassigny ; on laisse au commandant de Vaucresson le soin d'organiser une de ces opérations
dont il a le secret.

Je laisse narrer cette aventure par un sous-officier
qui y prit une part active.

« Le bruit court : nous allons faire un raid sur
Lassigny ! »

Nous sommes en réserve dans un bosquet dont
ne rougirait pas Watteau... des bandes de muguet
le parfument... un soleil, déjà chaud, distribue géné-
reusement ses rayons...

Faire un raid :

En effet, nos artilleurs s'agitent, règlent, les voix éloquentes des gros mortiers se font entendre, l'aviation s'enhardit, on remarque une certaine fièvre générale et un soir le commandant nous réunit; il donne des explications, des instructions, chacun de nous doit connaître exactement son rôle et il achève sur cette phrase: «il nous faut du boche à tous prix, ne me les tuez pas tous, c'est du boche vivant qu'on me demande ! »

Sur cette boutade chacun sourit et pense « il en aura ». Nous avons tous confiance en lui.

Les deux jours qui précédèrent furent désagréables !... Un coup de main est comme une boisson amère, il ne faut pas l'avoir trop longtemps sous le nez... il est désirable de l'avaler d'un seul coup.

Le paysage se déroule devant mes yeux :

Le parc aux cadavres, les ruines du château, la longue allée de peupliers qui va jusqu'aux ruines, ce petit ruisseau sale qui coule le long de la route, le vaste bled s'étendant entre le parc et Lassigny. Cette dernière couchée sur la verdure du coteau nous montre ses ruines blanches que les artilleurs s'obstinent à écraser depuis trois ans... et, coupant notre futur axe de marche, une voie ferrée semblant protéger la petite cité de son remblai... à gauche, la tour Rolland, monticule de terre, couvrant, paraît-il, de profonds abris.

Je vois tous nos objectifs !

Le 17 mai au matin on s'équipe en sportsman.
Quel sport !

Tous connaissent leur rôle depuis le premier volti-
geur jusqu'au dernier grenadier.

L'heure H est 3 h. 30, à 4 h. 10, le rideau tom-
bera !

Belle nuit étoilée de printemps. Le calme des deux
artilleries permet de jouir du dernier chant d'un rossi-
gnol. Nous traversons les bois en files indiennes,
puis, par le parc, nous débouchons en plaine. C'est le
calme encore... et, tout à coup, un obus se détache
d'un canon français, il va éclater formidablement chez
nos voisins. C'est le signal !

Nos artilleurs précipitent leur tir... derrière nous
sortent de mille bouches des éclairs ; pendant une
minute, avant que la fumée des éclatements n'efface
tout, le spectacle est beau tragiquement ; tout le
terrain devant nous est en feu, les éclatements se
succèdent avec une folle rapidité, les ruines pâles
sont visibles à l'éclair express des explosions !

Je pense au terrifiant réveil de nos adversaires !

L'artillerie qu'on sent précise, donne confiance en
soi. La conviction pénètre que la réussite est au bout
de l'effort.

Vers 3 h. 25 les mitrailleuses boches s'essaient
timidement, puis accentuent leur tir par rafales...
Nous avançons, engageant le combat à la grenade

avec les petits postes ; en quelques secondes nous en sommes maîtres !

Déjà une faible clarté pointe. Il faut agir vite dans les nuits de printemps !

Notre élan irrésistible avance parfois l'horaire prévu. C'est qu'ici c'est la rase campagne. Il n'y a plus cet odieux cheminement dans les boyaux comme dans les coups de mains de tranchée. Il faut avancer et c'est sur deux vagues alignées que nous le faisons ; nous voyons les travaux de notre artillerie : des trous où une demi-section se logerait à l'aise et des cadavres par sections !

L'ennemi bousculé n'oppose aucune résistance organisée.

L'avance s'effectue sans avoir à courber l'échine, on ne rencontre que des groupes isolés que l'on tue ou qu'on fait prisonniers suivant leurs allures... nous visitons les abris sous la protection d'éléments-veilleurs... les liaisons se font comme à la manœuvre, c'est la précision du chronomètre !

Et 4 h. 10 vient, il faut rentrer !

Nos pionniers déposent dans les abris de copieuses charges de poudre qui, pendant notre retour exploseront, clouant sur son terrain de départ la contre-attaque boche.

Nous rentrons dans l'aurore éclatante comme notre succès. Derrière nous d'épais nuages causés par les obus fumigènes pour protéger notre retour... le

boche peut fouiller, les binoculaires ne verront
rien !

Il fait maintenant jour... entre les lignes nous
franchissons des cadavres allemands, leurs figures
apparaissent hideuses et noires.

Dans cette radieuse matinée de mai, la vie semble
plus belle après cette randonnée.

Dans l'après-midi le général Nudant a fait visite.
Nous réunissant il a dit avec cette bonhomie gau-
loise dont il a l'aspect :

« Vous voyez, c'est simple ! Vous avez réussi.
C'était certain. J'avais dit à l'artilleur : « vous avez
devant vous 35 batteries, travaillez-moi ça aux toxiques pour qu'elles laissent mes fantassins tranquilles »
ça ne vous vexe pas les cuirassiers que je vous appelle « mes fantassins ». Vous avez fait de la bonne
besogne ! bravo ! »

En effet, nous avions ramené des boches vivants
et des mitrailleuses, mais nous regrettons la mort
du lieutenant de Bonnefoy et de sept de nos camarades.

Fin mai et début de juin 1918.

Ce coin ne dit rien qui vaille. La nature a beau
chanter et se parer comme une jolie femme. L'atmosphère est lourde, il se passera des événements graves
d'ici peu.

Les boches affamés, accumulent les moyens pour

une nouvelle affaire colossale ! Ce sera bientôt le deuxième acte sur l'Aisne.

Le duel Foch-Hindenburg commence... il va continuer.

En scène pour le III !

La division Brécart, dont nous sommes toujours, tient en face de Lassigny, les collines de Plémont ; notre division est sous les ordres du 34e Corps.

Le 5 juin, le général Nudant qui commande donne le premier signal d'alerte, il achève sa note sur ces mots : « ils ne passeront pas, hardi les gars ! » Au calme, abrités dans les carrières d'Elincourt et de l'Abbaye nous reposons.

C'est là que quelques jours avant l'offensive, vint nous visiter notre premier, le vieux tigre toujours alerte !

Le 9 juin, en pleine nuit, c'est un vacarme d'artillerie, une débauche d'obus toxiques. C'est l'alerte prévue ! L'attaque de ces messieurs commence, les fauves ont faim !

Le régiment se porte en réserve à la carrière Saint-Claude.

Le Plémont, le couloir de Lassigny sont défendus par les 4e et 11e cuirassiers qui sont submergés par le formidable courant !

Le boche s'infiltre partout, il cercle la montagne que d'héroïques cuirassiers défendent jusqu'à la mort !

Dans le parc du Plessier il y a des épisodes sanglants. Les corps à corps de mars se renouvellent.
Le 11e cuirassiers donne à fond : il est écrasé !

Notre 1er bataillon qui avait envoyé des travailleurs
ne les retrouve pas, ils furent pris dans l'ouragan. Le
commandant Greppo rassemble ce qu'il trouve de
son bataillon et part suivant l'ordre du colonel Calla
pour soutenir la défense.

Le capitaine de France, est tué par un 210. Le lieutenant de Cussy grièvement blessé... les pertes
lourdes font faiblir le bataillon. La 7e compagnie
part à la rescousse appuyée par la section de mitrailleuses Marquis, ils s'efforcent de boucher la fissure !

Mais vers 8 heures, sous le ciel bleu où les avions
tourbillonnent, l'ennemi attaque par les bois de la
réserve ; par Gury, il avance vers Mareuil-Lamotte
coupant notre liaison avec la division voisine. Cette
dernière se retire dans les bois de Ricquebourg.

Pour parer à l'encerclement le capitaine du Vigier
se pose en crochet défensif face à l'ouest.

La lutte est ardente ! Les lieutenants Beaugrand et
Vandame sont tués en refoulant l'infiltration.

Beaucoup des nôtres sont déjà tués !

Le commandant Greppo est frappé mortellement.

Le lieutenant Grégoire, en tête de sa section, contre-
attaque et disparaît.

Le lieutenant Paillard mitraille un convoi de mortiers d'accompagnement qui se présente à sa vue, et le met en fuite.

Il y a mille traits héroïques ! il faudrait citer, citer !

Combien sont tombés là dont on ignorera toujours le dernier beau geste...

Et tant de bravoure ne parvint pas à endiguer le flot sans cesse montant... les boches arrivent en flux pressés... ils ont un mordant indiscutable, ils sont saoulés de la certitude qu'ils vont sur Paris, qu'ils y seront demain !

Hardi les gars ! ils ne passeront pas !

Les trois bataillons, parfois désunis, s'accrochent au terrain, soutiennent un corps à corps constant... le plateau est sanglant, bouleversé. Les bois sont déchiquetés... Les hommes sont des lions ! Il faut tenir... ils tiennent malgré le cercle qui se referme sur eux.

Le colonel Calla dirige la défense secondé par le commandant de Vaucresson.

Le 3e bataillon qui a subi une pression énorme sur la droite, qui, malgré l'absence de liaison s'est cramponné, a refoulé l'ennemi en maintes contre-attaques, est obligé de se replier vers 16 heures sur Bellinglise.

A 16 h. 30 une partie du plateau est aux mains des boches qui se dirigent vers le château de Bellinglise, un coin charmant que chanta Alan Seeger en des heures plus calmes !

Sur cette horreur que présente un champ de bataille où partout se rencontre des cadavres où des mourants, où l'on croise des blessés, un soleil finissant jette ses lueurs variées...

Un drachen boche en profite pour s'élever de Gury et fouillant le terrain, il indique des cibles favorables...,

Nos canons se sont tus, notre artillerie a épuisé ses munitions.

Les boches aussi se taisent. Sans doute avancent-ils leurs pièces.

C'est pendant un moment un calme sournois.

Cela ne dure pas... des mitrailleuses boches se mettent en branle.

Des mouvements sont signalés par nos guetteurs. Alerte !

Tous les hommes disponibles sont sortis des carrières qui deviennent le front à défendre et ce nouveau front, hérissé de baïonnettes énergiques, offre une résistance splendide !

Le plus grand esprit de sacrifice anime cette troupe, tout est jeté dans la bataille et cela n'a qu'une âme : résister !

Les blessés seuls demeurent au fond des carrières. Il y en a, il y en a ! C'est affreux. Se sacrifiant, jusqu'au bout, les docteurs Fonteilles, Pernot, Vacher et Hollard resteront là, près d'eux, pour les panser après le passage de la horde.

Sur la route, écrasée d'obus, arrive vers 17 h. 30 une auto sanitaire américaine. Comment a-t-elle pu venir jusque-là ? On l'ignore. Elle est là, c'est un miracle ! Un flegmatique Américain en descend, il charge des blessés partout, jusque sur le capot et sur le siège, puis, remettant en marche, il retourne à l'arrière à travers les balles et les obus... Quelqu'un lui demanda son nom, retenez-le, c'est Gallery !

Il nous faut citer cet officier blessé d'une balle au ventre qui, pour laisser un brancard à un de ses poilus, sauta sur une bicyclette et fit plusieurs centaines de mètres jusqu'à l'ambulance.

Et le ravitaillement en munitions sous le nez des boches, et d'autres traits encore, tant et tant !

Vers 18 h. 15, les coureurs envoyés à l'arrière refluent devant des éléments boches. L'instant est critique : les débris du régiment vont-ils être encerclés après une aussi belle résistance ? Il n'y a aucun moyen de le savoir, les liaisons sont rompues, des coureurs partent et ne reviennent plus.

Le colonel donne l'ordre de repli tandis qu'une ligne de résistance demeure encore sur le plateau.

A travers champs, sous un feu violent de minen et de mitrailleuses, le dernier groupe sort des carrières. On tiendra encore jusqu'à la nuit !

Le boche est au château de Bellinglise, il tient aussi les pentes boisées qui mènent aux carrières de l'Abbaye, il ne reste qu'un étroit couloir que ces glorieux

débris prendront vers 20 heures pour se replier mé-
thodiquement au delà d'Ellincourt.

La section Agnus, qui forme arrière-garde, suit le
colonel et son état-major. Elle se heurte à un fort parti
allemand déjà maître du village et s'ouvre un passage de vive force !

Pendant plus de quinze heures, le 9e cuirassiers,
presqu'encerclé, lâché à droite et à gauche, a disputé
3 kilomètres de terrain au corps alpin, le meilleur
corps après les régiments de la garde !

10 juin.

Après ces heures particulièrement dures, le régiment devait encore fournir un gros effort.

Le 10 juin, il est mis à la disposition de la 53e division.

Les circonstances exigent le sacrifice absolu !

Après une marche d'approche difficile en raison
du terrain, du harcèlement de l'artillerie, de l'incerti-
tude des lignes dont les fluctuations sont constantes,
les 1er et 2e bataillons soudés au 205e d'infanterie et à
des éléments du 65e territorial et du génie, occupent
à 23 heures la ligne du château Saint-Amand, Ma-
chemont, Béthancourt, au nord du Matz.

Le 3e bataillon défend Chevincourt.

Nous avons connu cette région en des temps plus
calmes. Il faisait bon passer à travers ces sites accidentés, il y a un mois. Le printemps donnait le « *la* »

aux oiseaux... Le parc du château de Saint-Amand s'habillait élégamment déjà... La route à flanc de colline qui conduit aux carrières de Chevincourt en passant dans les bois avait un grand charme.

Que de fois j'ai vu disparaître le soleil dans les bois qu'il illuminait. Aujourd'hui dans le lointain les villages brûlent, jetant un reflet sinistre sur la plaine et sur les bois ; ceux-ci sont ravagés ; les routes et les champs sont tristes.

Les bataillons installent leurs lignes nocturnes dans le plus grand calme. Mais dans une reconnaissance de sa ligne, le sous-lieutenant de Valady est tué.

La nuit paisible semble d'un funèbre présage.

Le lendemain matin, la paix se maintient tandis que sur nos têtes les avions font des rondes infernales.

Vers 13 heures, l'ennemi commence son attaque générale sur tout le front de la division. Notre gauche fléchissant, nos bataillons se trouvent mêlés au repli général. Ils se portent sur l'autre rive du Matz et nos réserves garnissent les crêtes à 600 mètres de la rivière.

Malgré la défense acharnée de nos premières lignes, les boches s'infiltrent, on voit des silhouettes grises s'avançant dans la prairie. Elles essaient de gagner les blés qui garnissent les pentes où s'est arrêté le bataillon de Vaucresson.

A notre gauche, un bataillon sans appui recule trois fois de 300 mètres sous la poussée boche qui est énorme de ce côté. A chaque recul, ce bataillon stoppe et balaie toutes les premières lignes boches du feu de ses mitrailleuses.

Il y a ainsi un harcèlement continu de part et d'autre, mais on marque un temps d'arrêt dans la violence boche.

A 17 heures, l'Allemand reprend sa progression. Il se rapproche des pentes, il cherche à prendre les coteaux d'où il pourra dominer tout le terrain... Le commandant de Vaucresson juge la gravité de la situation ; rassemblant ses officiers, il leur dit que le seul moyen d'endiguer le boche est de l'attaquer ! La fatigue est grande chez l'homme, les unités sont très réduites, on souffre abominablement de la soif et de la chaleur : on attaquera !

Au commandement du chef, l'élan est impressionnant ! Le barrage d'artillerie, les mitrailleuses qui, des crêtes, vomissent sur la vallée, ne peuvent rompre cette impétueuse contre-attaque!... Les Allemands, l'heure d'avant si ardents dans l'attaque, ne le sont pas moins dans le recul. Ils se sauvent à toutes jambes des pentes qu'ils ont mis trois heures à gravir, poursuivis par les cuirassiers qui les bousculent sur une profondeur de 500 mètres !

Cette vigoureuse contre-attaque força l'admiration de l'adversaire ! Dans le *Berliner Tageblatt* du 18, le général von Ardenne le reconnaît en apparentant les cuirassés d'aujourd'hui à leurs aînés de Reischoffen !

Nous sommes dégagés par cette contre-attaque, mais nos éléments doivent, de nouveau, avec quel regret ! se lier au repli qui a gagné les troupes de la 53e division. De tous côtés, des colonnes d'infanterie refluent... Il semble qu'à ce moment l'espoir s'était échappé de bien des cœurs !

L'ordre arrive au colonel Calla de reprendre Méli-cocq. « Au reçu de cet ordre, toutes les unités de la division se porteront droit devant elles. »

Un ordre clair, précis, dans ce désordre ! Il ne faut pas un instant d'hésitation, sinon Longueil-Annel, qui barre la route de Compiègne, va tomber, et ce sera la porte ouverte aux barbares !

Le colonel traduit l'ordre par : « En avant le 9e cuirassiers ! » et, tandis que cet appel se transmet, les officiers, revolver au poing, excitent leurs hommes. De tous côtés, aux éléments exténués qui se replient, on crie : « En avant ! »

Ici apparaît une figure héroïque : un commandant d'artillerie qui, sans doute, a perdu ses batteries, arrive à cheval, suivi de son ordonnance. Voyant le désarroi de certaines unités, il les remonte, les entraîne à l'attaque, sabre au clair, suivi de son fidèle ordonnance. A peine a-t-il franchi quelques centaines de mètres qu'il tombe foudroyé... Mais les éléments qu'il a rassemblés suivent les cuirassiers.

Ce fut un beau geste !

Par cette contre-attaque générale montée en un moment particulièrement grave, l'ennemi est rejeté sur le Matz. Il n'aura pas Compiègne ! Il n'aura plus Paris ! Il peut se répéter le conte de Pérette et le méditer !

L'heureuse contre-attaque prépara le chemin offensif ! Le lendemain, le 283e d'infanterie enlevait Mélicoq dans un assaut magistral.

Cette série de jours pénibles eut sa récompense par le résultat lui-même et par une lettre du général Guillemin qui est un hommage aux cuirassiers et à leur chef.

Fin juin.

De l'Oise à la Marne : un pas, vite franchi, et nous passons au repos.

On se compte : que de manquants encore ! on se reconstitue tout en reprenant le chemin du front. Nous revenons en lisière d'Argonne dans un site bien connu des légers ; nous relevons des nègres américains dans le bois d'Hauzy.

On parle beaucoup d'un nouvel acte dramatique : le IVe ; la faim, immortelle assaillante, fera sortir une dernière fois le loup !

Son offensive de mars, celle de mai, lui ont donné du terrain : Foch a perdu deux manches.

La 3e fut balancée ;

Et la 4ᵉ, la voici :

Le 14 juillet, un télégramme arrive à 23 h. 25 annonçant le programme des réjouissances teutonnes. Notre fête nationale s'achevait, le boche désirait la continuer; à X h. concert d'artillerie, à 3 heures les acteurs en scène.

Mais, par des moyens savants, le général Gouraud est informé. Il a prévu un repli vraiment stratégique cette fois : « Messieurs d'outre-Rhin, nous sommes navrés, vous jouerez devant un parterre vide. »

Tout se passe à notre gauche. Quelques éclaboussures sur nos têtes. Nous sommes en lisière, l'avalanche ne fait qu'effleurer nos fauteuils. Nous apprenons avec une joie immense l'échec du boche et... le commencement de notre offensive.

Le plateau est passé au nouveau directeur... Hindenburg a résilié ! Le général Foch jouera le 5ᵉ acte en s'appuyant sur l'orchestre Gouraud !

C'est la série des offensives sur tout le front.

Nous passons ce temps dans le bois aux Moustiques; nous entrerons en scène pour la finale !

Les grands jours viennent; l'horizon devient clair; là-bas les crépuscules sont teintés d'espoir...

Et, commencement du désastre : l'Autriche s'écroule avec un grand fracas, précédée des défections bulgare et turque. Il ne reste que le boche, à tous prix il faut en finir.

Fin septembre prélude d'octobre.

Le 26 septembre le régiment doit attaquer.

Les deux jours précédents transformèrent le sec-teur paisible en un secteur formidable. La nuit, par-tout des mouvements : le génie pose des ponts, l'ar-tillerie amène d'énormes pièces, on distribue des cartes et la fameuse musette « Pétain » qui contient des vivres pour plusieurs jours ! C'est l'attente avec ses angoisses !

Un ordre du jour du commandant de bataillon anime notre petit cercle. On discute sur l'issue des engagements prochains.

La préparation d'artillerie débute à minuit. C'est une tempête effrayante. L'horizon est féerique ; toute la Main de Massiges s'illumine, les bois rougissent ; les heures passent dans ce fracas lumineux.

On donne le départ à 5 h. 25.

Sous la réponse faible de l'artillerie boche on ci-saille leurs barbelés !

A 7 heures le premier objectif est atteint. C'est une promenade, le brouillard nous dissimule jusqu'à 9 heures.

A ce moment nous voyons les effets étonnants de notre artillerie sur les abris bétonnés. C'est du joli travail !

Le soleil force ses voiles et sous ses rayons d'or les avions virevoltent comme des chevaux de cirque ; ils s'acharnent à voler très bas, l'artillerie boche fouille le ciel, les cherche mais par miracle aucun ne descend. Les Icariens semblent rivés au plafond ; mais tandis que d'une crête nous découvrons un joli paysage ensoleillé : Ville-sur-Tourbe et ses étangs, des nappes de gaz arrivent et l'avance se continue comme un jour de carnaval.

Le bois de Ville fouillé, est presque vide, nous faisons-là les premiers prisonniers.

Vers 18 heures, le bataillon occupe le boqueteau de Sugnon en face du bois de Cernay. Il reçoit une quantité d'obus asphyxiants. De ce point se détachent nos patrouilles. Elles visitent le bois de Cernay « très occupé » disent-elles !

Nous passons la nuit sous bois !

Le 27, une nouvelle attaque est montée. Le 4e cuirassiers doit attaquer les bords de Cernay à notre gauche, le 11e cuirassiers la côte 140 à notre droite, nous progresserons dans le couloir en direction de la ferme d'Ivoy.

Les bois de Cernay apparaissent en crête défensive, pour y parvenir la plaine est nue, coupée d'étangs, l'aspect est triste, la lutte sera dure.

L'attaque se déclanche. Pendant que le marmitage réciproque assourdit, tous les régiments montent. Le nôtre progresse assez facilement par la plaine... mais, à la traversée d'un pont, nous avons mille difficultés, l'artillerie nous harcèle. Une pièce, de la

lisière du bois proche, débouche dessus à zéro,
semble-t-il... les cadavres couvrent le pont, les nouveaux arrivants sont obligés de déblayer pour se
frayer passage. C'est un spectacle poignant.

Le régiment a si bien progressé, qu'il a dépassé
son objectif. Les mitrailleuses font pleuvoir sur nos
éléments un déluge de projectiles. Nous apprenons
que l'attaque du 4ᵉ a échoué.

Par la voie ferrée, très marmitée, c'est le retour
pénible et coûteux aux anciennes positions du bois
de Ville.

Le lendemain de nouveau « en avant ». Le 4ᵉ cuirassiers doit renouveler son attaque sur les bois.

Sur la voie ferrée nous attendons sa progression.

Vers 16 heures, la nouvelle arrive qu'il est rejeté
des crêtes !

Nous ne progresserons pas aujourd'hui.

La nuit s'achève sur place. Nuit lugubre sous la
pluie avec l'impression fâcheuse de la résistance allemande et de l'insuccès de nos attaques.

Le 29, trois régiments reçoivent l'ordre de passer
à droite de l'Aisne, pour appuyer, de flanc, une attaque
des nègres.

On mange la soupe sur les bords de la route. C'est
au milieu de cette pleine vie d'attaque que la soupe
des roulantes semble délicieuse. Je ne sais de meil-
leure impression quand, rejetés un moment de la
bagarre, nous voyons apparaître cette chose étrange

qu'est la cuisine roulante et son escorte. C'est un poème ! Le chef cuistot est regardé comme l'égal d'un Dieu.

Pendant que nous passons à droite, les régiments nègres nous remplacent ! ils attaquent, c'est un événement ! C'est surtout très drôle ! Ces grands gaillards aux faces luisantes sont des athlètes, ce ne sont pas des soldats :

Quelle débandade ! L'attaque est manquée ! Nous n'agissons pas. Nous assistons à ce spectacle d'un colonel américain qui, dégoûté de voir cette comédie héroï-comique, fait lui-même des prisonniers. Et nous passons la nuit au camp de la Placardelle.

Décor somptueux en contraste avec la nuit dernière sous la pluie.

Le 30 septembre, le 3ᵉ bataillon attaque Binarville avec un bel élan. A 16 heures le pays est à nous.

A notre droite les nègres attaquent de nouveau. Où vont-ils sur quinze vagues effrénées ? On l'ignore ! Ils l'ignoreront toujours !

Au bout d'un temps très court, ils font demi-tour. Quelques-uns s'accrochent à la progression du 3ᵉ bataillon, les meilleurs de la cavalcade sans doute !

La nuit nous trouve sur la lisière sud de Binarville.

Elle se passe en patrouilles. Nous faisons des prisonniers. Nous rencontrons des officiers du régiment nègre, recherchant leurs hommes et leurs emplacements.

Nous reposons sur les positions d'artillerie boches,
en béton comme toutes les constructions de leur
front. Ces gens-là avaient le génie des fortifications
bétonnées !

Les journées des 1er et 2 octobre auréolent le
9e cuirassiers de souvenirs glorieux. Voici un récit
dû à la plume alerte du lieutenant-colonel du Bourg,
un historien militaire, qui fut dans les affaires brillantes d'Argonne, le bras droit du colonel Calla.

LES JOURNÉES DES 1er ET 2 OCTOBRE 1918

Au cours des luttes séculaires, que la France eut à soutenir contre les invasions de la Germanie, l'Argonne joua
toujours un rôle de premier plan. Dans l'histoire de la
libération, pour *l'armée Gouraud*, cette puissante digue,
le 9e cuirassiers à pied, du 26 septembre au 3 novembre
1918, aura écrit, avec son sang, de belles pages de gloire !
Ces pages, que vient d'enluminer la fourragère aux couleurs de la Croix de guerre, sont déjà dévotement recueillies dans l'Historique du régiment. Scrupuleusement elles
y suivent le 9e cuirassiers dans la complexité de ses opérations tactiques. Mais, dans le mystère de ses taillis et
de ses ravins, l'Argonne dérobe fatalement au compte
rendu du *Journal de Marche*, toute une série de faits individuels qui, pourtant prennent d'autant plus de valeur
qu'ils sont accomplis dans l'obscurité et le cloisonnement
d'une forêt et d'autant plus d'effet qu'ils obéissent à une
directive unique et invisible.

Des feuillets supplémentaires voudraient combler cette
lacune. Se faisant plus anecdotiques, ils vont donc, sur

les brisées de nos cuirassiers, chercher à s'infiltrer, à travers les fils barbelés dans les taillis, dans les ravins, en quête de plus de leçons à glaner et de plus de « gestes » de bravoure à léguer au patrimoine d'honneur du 9ᵉ cuirassiers...

Mais, de Vienne-la-Ville au Chêne-Pate, la moisson en serait trop riche pour tenir place dans les pages d'un simple additif, celui-ci se borne donc à suivre le régiment dans les journées des 1ᵉʳ et 2 octobre... non parce que les 30 autres journées de combat aient été moins glorieuses ou moins méritoires, mais parce que le raid, d'une extrême audace, *vers la côte 176* garde un caractère très spécial ; il s'affirme comme un modèle dans une tactique, où les Allemands avaient la prétention de garder la maîtrise, *la tactique de l'infiltration*. Aussi tenacement commandé que tenacement exécuté, il parvint à faire brèche dans une double position ennemie et s'il eut pu être appuyé (comme le Commandement était en droit de l'attendre), il aurait, dès le 2 octobre, amené la rupture complète du système défensif et épargné aux assaillants de durs combats et de lourdes pertes les jours suivants. Malheureusement, à l'heure même de l'exploitation, un ordre de relève avait privé déjà la 1ʳᵉ D. C. P. de ses disponibilités.

Quelle est donc la situation du 9ᵉ cuirassiers, le 1ᵉʳ octobre, au matin ? En s'emparant, la veille, de haute lutte, de Binarville et en s'étalant dans le bois de Plémont, il a pris solidement pied dans *la zone de grand combat* de l'ennemi. Il s'agit maintenant de progresser...

Des lisières du village et du bois, le plateau de Binarville s'élève en pente douce mais en glacis implacable, jusqu'à une haute couronne de bois qui, vers le nord et vers l'est, encercle les escarpements du mouvement de

terrain. Devant ce rideau d'arbres, magnifiquement camou-
flé, court la puissante ligne de la Palette, de Charlevaux
et de la Palette-Pavillon. Sous son feu, un tapis de gazon
sans un défilement, sans un angle-mort, avec l'aggrava-
tion ironique d'un double réseau barbelé...

A quelques centaines de mètres, en arrière de cette première ligne, c'est le mystère de la forêt et de l'abrupt
changement de pente... mais un mystère qui donne la
certitude d'un angle-mort inviolable à notre artillerie et
d'abris bétonnés pour de nombreuses réserves, tels que
nous venons de les admirer sur les positions conquises de
la vallée Moreau...

Enfin comme acteurs du drame qui va se jouer, l'Allemagne a garni la position de ces troupes qu'elle réserve
toujours à une « charnière », à un point vital de ses organisations défensives...

Nulle illusion n'est donc permise, à l'assaillant, sur la
qualité de l'effort à donner. Mais au 9ᵉ cuirassiers, on a
dit de progresser, le 9ᵉ cuirassiers progressera !...

Le 1ᵉʳ octobre, de la masse sombre du bois du Plémont,
que diluent encore les brumes du lever du jour, se dégage
une ligne mouvante : c'est le bataillon Vaucresson qui, par
un dépassement de ligne se porte à l'attaque. Bientôt le bataillon Lammerville va le suivre et s'échelonner sur sa
droite...

Mais l'ennemi est aux aguets ; sur la piste d'attaque, artillerie et minen posent leurs barrages et, sur les silhouettes
encore imprécises de nos cuirassiers, mitrailleuses font
rage.

Puis le jour se lève, les silhouettes deviennent de vivantes
cibles sur un glacis de champ de tir. Le feu des mitrailleuses redouble. Il faut, pour se servir de son arme, s'in-

cruster dans le sol, ne se déplacer qu'en rampant, sectionner
les fils de fer sous des grêles de balles... On progresse
lentement, mais on progresse. Vers midi, la compagnie
Mithouard prend pied dans la tranchée de la Palette tandis
que la compagnie Taillefesse s'accroche à la route Autry-
Binarville et que la compagnie Agnus garnit la lisière N.-E.
du bois du Plémont...

Devant cette menace de rupture, l'ennemi se ressaisit ;
rageusement, il s'accroche à la ligne dominante de l'amphithéâtre dont Binarville est le centre ; il est servi, en avant,
par des flanquements impeccables, en arrière par des
contre-pentes inviolables.

Dans ce nouveau mur, ordre est donné de faire brèche
avec l'appui des régiments voisins...

Pour déséquilibrer et encercler la défense ennemie, de
violentes et rapides concentrations de feux s'abattent sur
les points sensibles...

A 17 h. 30, le bataillon Vaucresson mène, de nouveau,
l'attaque. En riposte, les mitrailleuses de flanquement
entrent en jeu. L'une d'elles (des positions reculées de la
Palette), décime la compagnie Mithouard et arrête son
élan. Sur la droite, en marge des bois, une autre mitrailleuse barre la route à la compagnie Taillefesse. Mais la
S. M. du maréchal des logis Fichet la prend aussitôt à
partie et la réduit au silence. D'un bond, alors la compagnie
Taillefesse est à la lisière du bois et déferle déjà dans le
ravin de Bièvres : la formidable ligne de défense est percée !...

Déferlant aussi, vers la droite, la S. M. du maréchal
des logis Pauly voit, tout à coup, à ses pieds, la retraite
éperdue d'un convoi. Nos mitrailleuses ne sont pas lentes
à jeter la panique et la débandade dans cette colonne qui

cherche désespérément à traverser le ruisseau. Sur une
telle cible, les pourvoyeurs, eux aussi, « font leur carton ».
A la rage de crépitement des feux, répond la galopade
affolée des chevaux et des fourgons ; la route, qui, du pont
de Bièvres, monte à la cote 176 se jonche de cadavres...

Sur cette route même, les éléments avancés de la compagnie Taillefesse viennent aussitôt s'emparer du champ
de bataille !... La nuit tombe sur une journée doublement
glorieuse pour le 2ᵉ bataillon mais aussi sur une journée de
rudes efforts et de douloureuses pertes ! Les débris de la
compagnie Mithouard se joignent à la compagnie Agnus
dans la tranchée de la Palette. Sur la gauche du bataillon
l'offensive du régiment voisin n'a pu progresser, mais la
liaison est solidement établie. Il n'en est pas de même à
droite où la situation du régiment américain reste impré-
cise. Pour se couvrir vers l'est la compagnie Renaudin reçoit donc l'ordre de prolonger la compagnie Legrand qui,
elle-même, flanquait la droite du 2ᵉ bataillon.

Mais cette nuit, l'ennemi ne songe pas à attaquer ; il
répare son moral et ses pertes...

Bien mieux, vers minuit, un ravitaillement boche se
trompe d'adresse et dévalant vers le pont de Bièvres tombe
innocemment dans nos avant-postes ! la stupéfaction des
convoyeurs n'a, certes, d'égal que l'enthousiasme de nos
poilus ! tandis que les uns crient : « Kamerad ! » les autres
prélèvent fastueusement leur part sur la miraculeuse
« distribution ». Fumant maintenant de gros cigares boches,
nos cuirassiers critiquent sans indulgence le « jus » de
Germanie qu'ils qualifient d'infusion d'orge, et font la moue
à l'aigreur et à la noirceur du pain KK... Durant de longues
heures encore, les ténèbres du ravin de Bièvres restent
vibrantes de l'allégresse de nos avant-postes pour le bon
tour joué à l'ennemi...

Un effort encore et la côte 176 sera en nos mains...
la côte 176, le point vital de la défense boche, la crête qui
commande les lignes de retraite de l'ennemi !... Devant
l'importance de cette conquête, en dépit des pertes et des
fatigues précédentes, le colonel demande au 9ᵉ cuirassiers, ce nouvel effort. Le 2ᵉ bataillon va se porter à l'attaque de la côte 176 étayé, à droite, par la compagnie Rival
du 3ᵉ bataillon. Les régiments voisins doivent appuyer
cette audacieuse ruée et exploiter son succès...

Le 2 octobre, à la pointe du jour, le ruisseau de Bièvres
est franchi sur des passages de fortune et l'escalade du plateau commence, scandée par le crépitement des mitrailleuses. Dès 8 heures la première ligne de la compagnie
Taillefesse est en frise, sur le rebord supérieur du plateau...

Pour se placer à sa gauche et à sa hauteur, la compagnie Agnus, avant le jour, quitte la tranchée de la Palette
et dévale à travers taillis. Le sous-lieutenant Evrard marche à l'avant-garde. Soudain, devant lui se dressent deux
Allemands. D'un bond Evrard, et le cavalier Raufast sont
sur eux et les font prisonniers.

Avec la 6ᵉ compagnie chemine la S. M. du maréchal
des logis Fichet. Elle se heurte à un groupe important de
boches. Au capitaine Labouche qui leur ordonne de se
rendre, ils refusent. Le brigadier Island aussitôt commande
le feu de sa mitrailleuse et le tireur Dupont fait de la bonne
besogne ; le groupe récalcitrant est par terre ou en débandade !...

Le ruisseau est bientôt traversé par la 6ᵉ compagnie et
par la S. M. Fichet qui, à leur tour, escaladent le plateau.
A peine émergés des bas-fonds, elles sont prises à revers
par un tir de mitrailleuses qui part des baraques, à contre-
pente sur la rive gauche. Le tireur Dupont et plusieurs
mitrailleurs sont tués ou blessés sur leur pièce. Le maré-

chal des logis Fichet récupère aussitôt une mitrailleuse
et, secondé par le brigadier Island et le tireur Lepeschéut,
contrebat furieusement et efficacement la mitrailleuse
ennemie...

Plus haut, il va falloir traverser la route sous le feu
même des fortins du plateau. Résolument, le sous-lieutenant Evrard saute le pas, entraîne, dans un beau style,
sa section à l'attaque et tombe glorieusement côte à côte
avec le cavalier Barathon, foudroyé par la mitraille, à
20 mètres à peine, de la tranchée ennemie. De la section, il
ne reste plus que neuf hommes. Mais ces neuf hommes
s'accrochent impérieusement à la lisière du bois, organisent des flanquements et balayent sans merci, tous les
mouvements ennemis sur le plateau ; ils vengent géné-
reusement leurs morts !...

A quelques pas de cette héroïque phalange, un nid de
mitrailleuses est enlevé, à la baïonnette, par nos cuirassiers...

A midi, toute la couronne de bois autour de la côte 176
est entre nos mains...

A cette heure, l'entrée en ligne de toute troupe fraîche
ferait tomber la position, comme un fruit mûr, entre nos
mains. Malheureusement sur un ordre de relève, le 4ᵉ cuirassiers est parti vers l'arrière et, à notre gauche, le
11ᵉ cuirassiers s'est heurté à des résistances qu'il n'a pu
encore surmonter. Les disponibilités manquent donc. La
minute éphémère de l'exploitation nous échappe !...

Cette minute, hélas, va être utilisée par l'ennemi. Déjà
celui-ci prépare sa contre-attaque. Ses hommes se massent
dans le ravin de la Waterne et au sud de l'étang de Bièvres ; de ces deux points elles vont chercher à encercler
notre saillant. La position du bataillon Vaucresson devient

critique ; il a un ruisseau à dos et sur ses flancs, les taillis rendent inefficaces tout flanquement et tout barrage. Il prend donc le parti de refluer sur la rive gauche et d'y organiser une nouvelle ligne de défense. Son repli se fait, en bon ordre, protégé par le tir très efficace du mitrailleur Libert et du chargeur Brunet...

Mais la poussée de l'ennemi se fait plus pressante ; l'infiltration déborde nos ailes et menace même d'encerclement les compagnies Legrand, Renaudin et Rival, qui, après avoir enlevé, de haute lutte plusieurs nids de résistance et capturé de nombreux boches, s'efforcent de prêter appui au 2ᵉ bataillon et de protéger ses flancs. Mais, devant l'amplitude du mouvement ennemi, ces garde-flancs auraient besoin, eux-mêmes, d'être étayés par des troupes nouvelles.

Pour parer ce danger, le colonel donne l'ordre au régiment de reprendre ses positions de départ. Sauf la compagnie Rival, qui, pour mieux protéger la gauche du 2ᵉ bataillon s'est portée au ruisseau et dont le repli est barré par des fils de fer et encerclé par les boches, les autres compagnies se décrochent sans dommages, d'une position difficile... Comme arrière-garde de ce repli méthodique, l'ambulancier Capron, tel un empereur romain, rentre dans ses lignes sur un char que traîne triomphalement un cheval dérobé à l'ennemi !...

Ce repli, pourtant, ne nous fera pas perdre un contact étroit avec l'ennemi. Au cours de la nuit, le sous-lieutenant pionnier Fontaine accompagné de l'adjudant-chef Hanon, se met en chasse dans la zone même de l'avance allemande. Les voilà errant dans la région de la Palette, espacés comme deux rabatteurs en quête de gibier. Soudain, des ombres se meuvent à la lisière du bois, nos deux veneurs s'avancent. Serait-ce la compagnie Rival, ou

quelque troupe attardée du 2ᵉ bataillon ?... Mais du groupe,
une voix de commandement s'élève et donne des ordres
en allemand. Presque aussitôt un cuistot boche frôle Hanon
et porte le « jus » à ses camarades, tandis qu'à côté de soi,
Fontaine distingue une ligne de boches qui, debout ou
assis cassent la croûte. Plus d'erreur n'est possible ; nos
veneurs sont en plein dans les lignes ennemies ! avec le
jour qui va paraître et avec une chicane éloignée qu'il
faut retrouver pour traverser de nouveau le réseau barbelé, la situation de nos veneurs devient critique. A l'un
comme à l'autre, le même parti s'impose : à aucun prix,
ne détruire l'illusion des boches qui les prennent pour
deux des leurs. Sans se donner le mot, chacun d'eux
donc, les mains dans les poches, l'air nonchalant et
flâneur, s'arrêtant même comme pour inspecter nos
lignes, s'avancent paresseusement vers la chicane tant
désirée ! Paresseusement aussi la chicane est traversée
ainsi que le glacis qui s'étend jusqu'à la route Aubry-
Binarville. Mais là, le terrain change de pente. D'un bond,
Fontaine et Hanon ont sauté dans l'angle mort, dépouil-
lant leur masque de gradé boche !... Une fusillade cré-
pite, mais nos deux patrouilleurs sont déjà dans le bois
du Plémont. Ils rapportent, minutieusement repérés, les
renseignements qui vont orienter les attaques des jours
suivants.

L'attaque de la tranchée de la Palette, le 1ᵉʳ octobre,
est un des beaux épisodes de cette période. Je détache
ce récit de M. le capitaine Labouche. Il complétera
dignement les notes de M. le lieutenant-colonel du
Bourg.

ATTAQUE DE LA TRANCHÉE DE LA PALETTE
PAR LA 5ᵉ COMPAGNIE

Le 1ᵉʳ octobre 1918, vers 5 heures, le 2ᵉ bataillon quitte
ses tranchées de Binarville pour exécuter le passage de
la ligne des avant-postes, tenue par le 3ᵉ bataillon, puis
attaque suivant l'axe tranchée de la Palette, Côte 176,
Groupe Est de Lançon, Ferme Ricard.

Le 2ᵉ bataillon se forme sur deux lignes ; 5ᵉ et 7ᵉ Compagnies en tête, 6ᵉ compagnie en réserve. La progression se
fait à travers le bois du Plémont sans difficulté. Les deux
compagnies de tête arrivent à la lisière nord du bois. Le
terrain se présente alors sous forme d'un glacis de 500 à
800 mètres montant légèrement et coupé par la route Binar-
ville-Autry. Au delà de cette route on aperçoit quelques
fils de fer et on soupçonne des organisations ennemies en
bordure du bois qui couronne la crête. Des patrouilles
sortent du bois du Plémont et reçoivent quelques coups
de feu ; par infiltration les deux compagnies de première
ligne gagnent les fossés de la route ; elles sont immédiate-
ment clouées sur place par un feu violent de mitrailleuses
partant de la tranchée de la Palette-Pavillon et de deux
cornes de bois formant redan en avant des lignes allemandes. Tout le glacis au nord de la route est battu, le
moindre fossé est pris d'enfilade. Devant la 5ᵉ compagnie
une tranchée en mauvais état part de la route et monte vers
la crête ennemie. Le capitaine Mithouard n'hésite pas.
Avec son impétuosité habituelle il saute dans cette tranchée à la tête de quelques hommes ; il y progresse avec
de grosses difficultés car elle est prise d'enfilade ; pendant
six heures avec une énergie rare et une admirable ténacité il

rampe et gagne du terrain sous un feu violent de mitrailleuses et d'obus de gros calibres. Les Allemands ont vu le
mouvement et cherchent à l'arrêter par tous les moyens.
A 17 heures, ce groupe d'hommes, suivi par le reste de la
compagnie a fait 200 mètres, lorsqu'il reçoit l'ordre de se
joindre à une attaque générale qui va se déclancher sur
toute la ligne. A la droite de la 5ᵉ compagnie la 7ᵉ compagnie sort avec un entrain et un allant superbes. Le capitaine Mithouard sent le moment venu de se lier au mouvement. Il fait passer à sa compagnie, couchée derrière lui,
l'ordre d'attaque, se lève, sort de sa tranchée, entraînant
ses hommes par son exemple. En peu de temps, le terrain
qui le sépare du réseau est franchi, malgré un violent barrage d'obus ; quelques balles seulement partent de la gauche. Le réseau est intact : « En avant », crie le capitaine
Mithouard, faisant tomber toute hésitation en s'engageant
le premier dans les fils de fer. Une mitrailleuse allemande
qui guettait à ce moment se démasque. Le capitaine Mithouard tombe frappé de plusieurs balles au milieu des
braves qui l'entouraient. Les Allemands essayent une
contre-attaque ; ils sont cloués à la lisière du bois par le
feu de ceux qui, sortis, de la tranchée s'organisent immé-
diatement. A droite la 7ᵉ compagnie a pénétré dans le bois,
le désordre se met dans les rangs ennemis. L'adjudant
Anthiaume rassemble ce qu'il reste de la 5ᵉ compagnie et
reprend le mouvement en avant. La nuit est complètement tombée, le bois est touffu, la 5ᵉ compagnie s'orga-
nise sur place se mettant en liaison avec la 7ᵉ compagnie
qui entraînée par son ardeur a poussé jusqu'au ravin de
Bièvres.

7 octobre.

Le 7 on doit attaquer. Les régiments se tendent et se détendent comme des arcs et cette fréquence d'attaque fatigue extrêmement, creuse des vides de plus en plus profondément.

On prend ses emplacements en bordure de la route de Binarville, le 2e bataillon se trouve en tête, le 4e cuirassiers à gauche, le 1er bataillon à droite.

L'objectif de notre bataillon est la tranchée de Palette-pavillon ! Cette tranchée, à cheval sur un piton, est fortement défendue. Le temps est gris — l'attente, morne pendant la préparation. On sent la fatigue chez tous les hommes, le cafard hurle ? la mort rôde, elle frappe çà et là.

La route, en montée sur un glacis, est repérée férocement ! on avance sous un barrage violent !

Les mitrailleuses saluent le 1er bataillon et le déciment ! Nos pertes sont sérieuses.

L'attaque se trouve arrêtée à 100 mètres des boches ; le coin est mauvais. Nous allons être cloués là ! La 7e compagnie se trouve heureusement abritée dans un angle mort, mais elle ne peut ni avancer ni reculer, elle est rivée au terrain.

Et nos blessés demeurent. Il est impossible d'aller les chercher. On les entend se plaindre sans pouvoir agir. A la moindre tentative on serait tué sans utilité.

Ils resteront là jusqu'à la nuit. C'est d'une infinie tristesse.

Pour combler l'impression pénible nous apprenons que l'armée américaine n'a pas attaqué comme il était prévu.

Les heures nocturnes se passent sur la route de Binarville, sur les emplacements du matin.

Le 8, vers 15 heures, ordre d'attaque. Il s'agit de faire tomber la tranchée de Charlevaux devant le bois d'Apremont. Cela échoit à la compagnie Agnus.

Vers 18 heures les dispositions sont prises par une nuit complètement noire : une première vague de 2 sections avec une seconde en réserve.

Attaque rapide, silencieuse dans sa partie préparatoire.

Puis, à 50 mètres des boches, un feu roulant de F. M., toute la compagnie tire en poussant des clameurs et tandis qu'on leur envoie du gaz à discrétion, l'ardente phalange s'élance à la baïonnette !

Les Allemands croyant à une très forte attaque sont affolés, ils abandonnent en lançant, au hasard, des fusées éclairantes.

La tranchée est prise, nous faisons des prisonniers ; l'attaque prompte, menée brillamment, marque un succès pour la compagnie Agnus !

Le 9 le boche s'est éclipsé ! On avance sans résistance sur la route glorieusement parcourue le 2 par la compagnie Taillefesse. Nous revoyons hélas ! nos morts d'il y a huit jours que les boches n'ont pas enterrés; ils sont à demi glissés dans la terre, les pieds déchaussés, on les a retournés, fouillés, on leur a enlevé les cuirs...

Le ruisseau de Bièvres offre ce spectacle impressionnant du désordre d'un combat acharné avec cette odeur insupportable de cadavres.

Nous arrivons à la nuit dans le ravin de Lançon.

Le moulin de Charlevaux brûle, l'horizon est enflammé !

Et nous passons les heures de nuit dans des casemates boches très confortables !

C'est le retour ! il paraît que nous délaissons la terre d'Argonne !

Nous revenons à la Mare-aux-bœufs où l'on fait un service pour les morts. Le général Brécart leur dit un émouvant adieu ! Nous partons !

Mais le 15 à Dampierre-sur-Auve, à peine le repos est-il commencé que l'ordre arrive de rejoindre le front au plus tôt... et c'est, jusqu'à la Mare-aux-bœufs un long défilé ! La route est encombrée d'autos américaines. Le passage de Termes est difficile; de la boue, des gaz !

Remonter, après une aussi courte détente, est au-dessus des forces. Cependant tous y vont, les cœurs tressaillent d'espoir... l'heure approche et malgré la fatigue on escompte la victoire ?

« Hardi les gars ! comme disait le général Nudant !

Raidissez-vous une dernière fois, vous êtes aux derniers jours du siège, la forteresse insolente va tomber ! »

Et du 23 octobre au 3 novembre c'est une série
d'attaques pour jeter le boche hors de l'Argonne où
il s'est accroché si longtemps !

Il faut citer l'attaque au moulin de Beaurepaire où
la compagnie Agnus trouva de nouveau la route du
succès, la reconnaissance de la compagnie Mourouzy,
au delà du moulin de Beaurepaire. Elle nous laisse le
regret de la mort du capitaine Mourouzy qui, blessé,
ne consentit à se laisser évacuer qu'à la dernière
minute !

Tous ces jours d'attaques martelant le boche,
furent très durs ! duels d'artillerie permanents et violents, gaz en nappes répétées, pays accidentés, boisés,
pleins de traîtrises. On lutte comme en Italie, les
crêtes avoisinant les ravins !

Le 1er novembre l'ordre d'attaque général arrive.

Toute l'armée Gouraud s'ébranle... elle ne trouve
rien devant elle, le boche a plié, décollé, il se sauve au
pas de gymnastique. On le poursuit le jour par temps
clair ou par brouillard. Les nuits sont noires on le
poursuit quand même !

Et enfin relevés, nous allons au Camp d'Auve...

C'est l'armistice ! Le cauchemar achevé, la joie est
profonde.

8

La vie s'ouvre. On peut regarder devant et derrière soi.

Quel soupir s'échappe de toutes les poitrines !

Tous ceux qui sont là vivront désormais !

Tous ceux qui sont là passeront sous l'arc triomphal !

Tous ceux-là reverront les leurs qui les attendent !

C'est l'apothéose ! ils sont vainqueurs !

Je songe aux morts !... Je songe à ceux qui tombèrent les derniers !...

QUATRIÈME PARTIE

ET, TANDIS QUE LA-BAS

Et tandis qu'ils accomplissaient des exploits légen-
daires que se passait-il dans ces lointains, qui peu-
plaient la vision des hommes ?

A côté de la vraie souffrance, de la vertu résignée à
l'angoissante attente, se glissait le vice infâmant : les
lâchetés, les passions viles, tout ce qui est purulent
et qui dans les « lendemains » devrait pourrir au fond
des égouts !

Que de fois passant en permission dans la grande
et la petite ville nous fûmes choqués de scènes
orgiaques, de trahisons, de vilenies !

Que de tableaux pénibles nous emportâmes de cet
arrière empuanti, et combien, parmi nous, sont
tombés le désespoir au cœur !

Combien seraient morts haineux s'ils n'avaient eu
à ce moment d'adieux la main sincère d'un camarade !

Nous avons esquissé en traits rapides des scènes et des gens !

Nous considérons que notre devoir était de les montrer en les fustigeant.

Le livre est quelquefois le pilori de l'infamie !

Nous les avons saisis, car demain nous retrouverons ces silhouettes installées, hautement placées peut-être, on les saluera, nous-mêmes aussi si nous ignorons qui elles furent !

Mais à côté de ces figures ignominieuses — je l'ai déjà dit, il y a eu la vraie souffrance. Nous avons parlé à celles qui ont pleuré, nous essaierons ici de montrer celles qui se sont dévouées, celles qui ont combattu à leur manière.

Généralement n'est saillant que le vice. C'est une fleur vénéneuse dont la tige est haute ; la vertu, plus modeste fleurette, se cache... On la croirait honteuse d'être demeurée vertu en ce xxe siècle.

Réhabilitons-la ! par le contraste...

LA COURTISANE

Elle est fardée, grimée comme un clown.

Vous la trouvez affalée sur la banquette d'une brasserie. Vous la rencontrez dans un boudoir parfumée.

Elle sera dans un instant au coin de la rue et d'un

geste provoquant, avec la phrase classique, elle vous conduira dans son gîte.

Tristesse !

D'où vient-elle la pierrette d'un soir d'orgie ?

D'où vient l'immonde créature-réceptacle ?

Elle s'est traînée jusqu'à toi. Elle a crispé les mains sur ton portefeuille.

Elle a sali ce qu'il y avait de bleu dans ton cœur...

Et tu es reparti sur le front ayant encore, te poursuivant, l'odeur de musc, à moins que ce ne soit un subtil parfum d'Houbigant... Que cela te soit la leçon de demain !

Que dans l'édifice social à reconstruire tu donnes place à la rééducation de la femme, à son relèvement sur le pavois.

Que toi-même, ayant tant souffert, tu gardes la paix de ton cœur, la paix à ton foyer.

La courtisane te guette comme le requin guette le passager imprudent.

Prends garde !

L'ÉPOUSE ADULTÈRE

Elle a deux enfants ; son mari est sur le front : il pense, il souffre.

Elle a laissé parler son instinct... elle n'a pas voulu que le devoir domine.

Elle est tombée !

Ses amants ont profané le lit de son serment. Elle est pire que la prostituée légale !

Et, chaque jour, ses lettres partent là-bas au front, ses lettres menteuses et viciées...

Le mensonge se prolonge jusqu'au jour où un camarade passant près de la vipère aura partagé sa couche puis, saisi de remords, aura conté son infamie.

Le lendemain c'est une attaque. Le malheureux se sachant trahi, cherchera la mort et la trouvera...

Bilan lugubre : deux petits infortunés demandent leur père qui ne reviendra plus et la mère a changé d'amant !

LA MARATRE

Elle a un fils qui se bat, une fille qui se prostitue.

Ce fils est honnête, il a grand cœur. Il ne s'est pas éloigné de son devoir. Il a accepté le sacrifice.

Mais, il a besoin comme tout homme, si fort soit-il, de la tendresse d'une femme. Il voudrait que sa mère soit là. Il ne voudrait pas qu'elle souffre trop de son absence, mais au moins attentive à sa vie dangereuse.

Il ne trouve rien dans ce cœur orienté vers la jouissance passagère.

Et seul à souffrir sa vie de poilu... il attend l'heure

de passer ailleurs. On le retrouve un jour écrasé entre deux tranchées...

Huit jours après il est oublié.

UN LACHE

Il s'appelait X... le nom de son père lui permettait de faire jouer des influences ; lamentable il échoue dans un bureau surchauffé à 600 kilomètres du front.

Il a sa chambre en ville, son restaurant ; il veille à sa toilette, se fait particulièrement les ongles, se coiffe à l'aviateur ; il fait sa partie au Commerce, passe ses soirées au beuglant et, chaque soir, il emmène une chanteuse souper au cabaret nocturne.

Il a le teint pâle... il prétend qu'il est malade et, en effet, à chaque visite, le major le déclare inapte...

... Après la tourmente il vous parlera de l'Yser, de Verdun, et de la Somme. Vous l'écouterez béatement vous qui avez reçu trois blessures et vous vous étonnerez ingénument que le ruban rouge n'ensanglante pas son impeccable habit noir.

LES JOUISSEURS

Ce sont deux hommes. L'un a quarante ans, l'autre quarante-cinq, tous deux célibataires. L'un est chauve, l'autre se frise les cheveux noirs.

Ils sont notables de la taverne de D... on les salue bas.

L'un possède une affaire industrielle : il s'agit d'obus pour l'armée, il y gagne sa vie. L'autre a transformé son usine pour l'aviation !

Ils ne paraissent jamais à leurs maisons... deux directeurs les remplacent.

Ils possèdent, l'un et l'autre, une poupée fardée, enluminée, dont les costumes changent chaque jour... Les contribuables accordent à ces adorables joujoux une mensualité de cinq cent louis moyennant quoi le chauve s'octroie le titre de « gros loulou » et le frisé noir celui de « père la pudeur ».

Il est parfaitement inutile d'insister sur les relations existant entre ce quator. Ils ont un appartement commun où la morale est évitée.

La guerre aura transformé leurs âges. On leur dira : « vous avez beaucoup vieilli » et ils oseront répondre que « la guerre est une tueuse d'hommes ! »

Ces tristes individus brigueront le Sénat... c'est à ne pas douter ?

J'espère que les veuves et les mamans leur refuseront leurs suffrages !

LES PROFITEURS !

Malmenés quelque peu au Palais-Royal et ailleurs, nous les trouverons échoués dans un coin provincial.

Ils auront acquis le château du comte de O... tué en guerre ; ils y feront des transformations : addition d'une tourelle du xiie siècle si le manoir est du xve. Vous êtes certain de rencontrer une chaise Lorraine auprès d'un bahut provençal ! Ils remettront en vigueur le goût du rococo !

... Ils auront des équipages à l'instar des chocolatiers ; peut-être des danseuses du corps Zambelli !

Qui sait même si parfois, pris de la nostalgie de leur passé, nous ne les retrouverons sur le zinc d'un Biar !... tout est possible !

Ils arriveront cependant à vous persuader que le blason du château vient d'un de leurs ancêtres parti en Grèce avec lord Byron !

Que leur fortune date de l'Empire !

Ils n'avoueront jamais qu'ils ont un certain plaisir à voir la rareté des œufs et la cherté du beurre... ils ne s'occupent pas de ces petites questions.

Ils vous parleront plutôt de l'Ecole italienne !...

Laissez-les tomber !

Les Infirmières

Parmi les innombrables Croix-Rouge, il y a eu des dévouements magnifiques.

Je détache quatre visages angéliques. Quatre grands cœurs.

Elles étaient paisibles. Elles pouvaient demeurer dans le calme. Rien ne les appelait pour communier dans la souffrance... la tourmente se passait loin d'elles, mais leurs cœurs étaient impérieux !

Quatre années elles se sont penchées sur les blessés. Toutes les quatre de l'aube au crépuscule elles ont donné la charpie de leurs paroles, de leurs sourires, de leurs soins.

Les veilles passées au chevet des mourants, nous ne les compterons pas !

Le bien... nous n'en parlerons pas !

Mais nous connaissons des enfants qui sont passés là-bas, près d'elles... ils se souviendront.

Nous savons des femmes qui les bénissent de leur avoir soigné, sauvé peut-être, leur fils ou leur mari...

Elles sont demeurées ignorées aux yeux du monde. Elles n'ont rien demandé. Elles ont tout donné d'elles !

UNE MAMAN

Entre mille : un visage !

Elle est voûtée la pauvre chère maman... le soir elle va traire ses vaches... elle songe à son petiot qui se bat au loin... elle prie pour lui... deux sillons descendent de ses yeux... que de larmes ! sa pensée anxieuse et constante « Reviendra-t-il ? »

... Il est venu en permission. Elle est fière de lui

il avait la Croix ! Son gars à elle, son enfant avait la
Croix ! Il était fort, il était beau ; elle fixe ses yeux
bleus... elle cherche à retrouver ses traits quand il
était plus petit encore... malgré sa taille, il est demeuré
celui-là qu'elle berçait... pour un peu elle le prendrait
sur ses genoux !

... Il est reparti. Elle parle de lui à ses voisines « il
a la Croix », « il s'est battu », « c'est un brave », « mon
fils ! » Quand elle a pensé « mon fils ! » tout en elle
tressaille... et elle se redresse un peu !

Une entre mille, oh les mères !

UNE FEMME

Elle a un petit blond : cinq ans, à peine a-t-il connu
son père parti au front depuis le début !

La culture a été abandonnée... elle a pleuré puis,
prenant de l'énergie dans sa race, elle a pris bravement
la charrue.

Vous la rencontrez dans les sillons ! elle est à
l'étable ! Elle attache les bestiaux à la prairie ! elle
taille la soupe aux domestiques !

La ferme marche, elle est fière et pense « quand il
reviendra il sera content, j'aurai fait mon devoir. »

C'est une femme et il y en a !

Il est revenu, vivant mais fatigué, il retrouve sa
femme, son enfant... il regarde la maison, les affaires

« tout a donc marché », pense-t-il... il embrasse lon-
guement sa femme et ne trouve à lui dire que « chère
femme ! »

Et toute sa gratitude se trouve traduite !

UNE FIANCÉE

Elle est à sa fenêtre... elle cherche les étoiles ! Ce
soir le ciel est sombre, aucune veilleuse n'y brille,
elle ne trouve plus sa fidèle petite étoile !

Qui sait ! est-ce un mauvais présage !

Il y a peut-être une attaque cette nuit ! peut-être va-
t-on lui tuer celui que tout son être espère... Elle
recule, elle crie.

Sa mère lui demande « qu'as-tu Suzette ? »

« Rien ! »

Elle n'a rien ! mais si vous scrutez son cerveau ! Si
vous comptez les battements de son cœur ! Ils seront
éloquents !

Elle n'a rien mais toute la nuit elle sanglottera, se
lèvera dix fois pour chercher l'étoile, priera.

... Cependant elle prépare son trousseau... elle
pense : « nous achèterons ce meuble... ce tapis... ces
rideaux »... Elle ne dit plus « moi » elle dit « nous »...
l'espoir demeure au fond d'elle....

O joie ! la petite étoile est apparue !...

LES ENVAHIS

C'est la deuxième fois qu'ils délaissent le village.

Ils traînent une vache, un porc, trois moutons....

Lui, un vieux, a sur ses épaules maigres, fléchissantes, un lourd fardeau... la vieille a voulu emporter des draps, des torchons, etc., et leur couronne de mariage!

La vache ne veut plus avancer... les obus arrivent derrière...

Un mouton s'est échappé... la pauvre femme court après .. ne le joint pas, elle pleure.

Ils ne peuvent plus avancer... dans le fossé sur le bord du chemin ils gisent, lamentables êtres!

Des soldats blessés, se traînant eux-mêmes, les aident et voilà les vieux reprenant la route de l'exil. Où vont-ils?

Là-bas leur maison brûle... ils regardent!

Un des soldats songeant à ses parents demeurés avec les boches près de Saint-Quentin, contemple la vieille femme, il l'embrasse en disant « ma mère ».

Une lourde mélancolie tombe avec la pluie!

DEUX VIEILLARDS

Leurs deux fils sont partis au front.

Les deux vieillards étaient retirés, l'un avec une belle fortune, l'autre avec la très modeste pension que lui faisaient son fils et sa fille.

Leurs fils partis. Les deux hommes se sont serrés la main.

L'un a pris la suite des affaires de son fils, il a continué à faire marcher l'usine.

L'autre, prenant la place de son fils, a tourné des obus dans l'usine.

A des degrés différents, ils ont servi le pays.

Les fils n'ont pas été tués, ils sont rentrés amis... ils ont repris leurs places...

Les vieillards, eux, leur vie d'antan, oubliant qu'ils sont de conditions diverses ils font maintenant la partie de « piquet » au « Français » de leur pays.

Et c'est le riché qui verse la pension du pauvre !

UN PÈRE !

Il était près de Péronne... petit village écrasé en 1916. Les boches l'ont emmené en Allemagne.

Jamais cet homme n'a reçu de nouvelles de son fils, soldat sur le front de France.

Chaque jour il se répète l'interrogation : « Reviendra-t-il ? »

Et quand il voit un soldat gris, il pense tout bas « Peut-être me l'a-t-il tué ! »

Que de fois il a maudit la horde ! que de fois !

Il a la haine au cœur, avec les mois cette haine grandit et l'étouffe. Il serre les poings, tremble de tout son corps... il attend, il vieillit, il pleure parfois... mais il ne faut pas s'abattre. Sa femme pleure silencieusement, il faut l'aider de toute sa virilité... il tient ! mais son fils?...

... La guerre s'est achevée. Il a revu son enfant chéri. Il est vivant ! quelle joie !

Celui-là n'oubliera jamais soyez certain. C'est dans le cœur de tels hommes qu'il faut lire la France !

Un Grand Blessé

Parmi la foule douloureuse des mutilés, je détache une figure.

C'est un aveugle !

Il était artiste peintre ! Il avait du soleil et de jolies couleurs dans les yeux... il est aveugle !

Lamentable, il erre désormais dans l'immense parc conduit par une petite chienne qu'il nomme « Mado ». Pourquoi?. On le plaint ! les femmes le regardent avec pitié « ce beau jeune homme ! »

C'est un blessé aujourd'hui et demain ce sera le triste aveugle qui tend la sébille... qui sait !

Arquons-nous contre cela. Défendons les aveugles. Entourons-les d'une affection profonde. Adoucissons leur souffrance.

C'était un peintre. Pensons : ce n'est plus qu'un aveugle, un enfant abandonné !

Interrogez-le ! il est résigné. Il a donné sa vie

puisque sa vie c'était son art et pourtant il espère
encore !

Peut-être un cœur généreux de femme se penchera-
t-il ! Peut-être !

LES BIENFAITRICES

La misère fut grande : apparente ou cachée.

Je sais des femmes magnifiques qui ont cherché les
souffrants, les cachés surtout.

Guettant toutes les misères, discrètement elles les
secouraient.

Plus d'une pauvre femme a reçu des dons ano-
nymes qui venaient de cette source.

Les bienfaitrices ! J'en sais qui sont mortes à la
peine.

Elles ont donné leur or, leurs soins, leur temps.

Elles se sont prodiguées auprès des poilus dans
d'admirables lettres. Elles ont entouré d'attention les
« envahis » abandonnés qui passaient leur permission chez elles.

Elles étaient où il y avait de la peine.

Vivant contraste du vice éclatant ! Incarnation de
la vertu !

Gloire à nos héroïnes cachées !

CINQUIÈME PARTIE

LES LENDEMAINS

I

Et pareils à des murs de granit que l'incendie a respectés, semblables à des rochers que couvre la tourmente et qui demeurent debout quand la mer s'est éloignée, vous êtes là, vous ces granits vivants, vous ces rochers superbes !

L'incendie vous a respectés !

L'ouragan est passé !

Vous êtes les survivants !

On vous parlera de gloire à vous qui avez tant souffert. On vous auréolera un temps vous qui avez vu tant d'auréoles s'évanouir ; on parlera bruyamment et vous resterez silencieux... Vous laisserez passer l'hommage par-dessus vos têtes pour qu'il aille plus directement aux morts que vous pleurez secrètement. Vous laisserez passer les paroles du monde

9

comme vous avez laissé passer la tempête, impassibles et beaux, mais vous vous souviendrez !

Votre cœur contiendra tous ceux qui ne sont plus, tous ceux que vous avez semés aux hasards de la route si longue.

Votre esprit gardera les visions terrifiantes de phases sinistres, des journées qui ne s'achevaient jamais...

Que de souvenirs douloureux contenus dans vos cœurs !

Parfois se glisseront auprès de ces chagrins, des épisodes plus tendres... Il y aura peut-être un sourire de femme entrevue, la couleur de deux yeux que vous ne reverrez plus... Qui sait ! vous croirez longtemps que la guerre n'est pas finie, que vous vivez un rêve, comme tant de fois, endormi entre deux combats, vous l'avez rêvé. Ah ! les réveils terribles !

Non ! c'est fini ! la chaîne affreuse est cerclée, il n'y a plus de maillon !

II

Vous tous je vous regarde !

Il y a des jeunes aux cheveux blancs déjà ! Ceux-là demain verront danser sur leurs genoux de beaux enfants qui s'étonneront de voir des tempes blanchies...

Il y a des presque vieux qui vont traîner péniblement leurs derniers jours...

Il y a des fils ! des maris ! des pères !

Tout ce que j'ai trouvé chez les morts, je le retrouve devant moi vivant !

Que de traces pourtant ! Depuis quatre ans que
vous traînez votre corps sur toutes les routes !

Beaucoup ont la chair marquée cruellement par la
souffrance.

Qui dira tout ce que le cerveau a subi !

Qui dira les soucis de vos cœurs !

Et ces jeunes, ces espoirs d'hier, qui sont aussi
venus au début du drame, prendre place dans l'al-
véole sanglante. Leur plus beau temps !

Le sang de la jeunesse coulait sur leurs vingt ans
et ils l'ont donné pour la France :

Vous avez vécu les journées ! Comment ?... au
hasard de la route, par tous les temps, subissant
tous les dangers...

Comment avez-vous fait ?

Je sais ! Le trésor atavique a donné ses preuves !
La race n'était pas gangrenée comme on le craignait
car vous avez donné la certitude de son énergie profonde.

Vous avez vécu avec vos amitiés, avec vos tendresses ! Les lettres sont venues des vôtres ou de
mains étrangères... et le ressort détendu un instant,
se tendait de nouveau.

Vous avez vécu avec l'espoir incrusté comme un rubis dans vos haillons !

Et ce sont là vos secrets ! votre foi votre ténacité ont eu raison de tous les obstacles.

Gloire à vous tous les survivants !

III

Nous voici aux lendemains.

La tâche commencée dans la guerre n'est pas achevée.

Délaissant le bleu horizon et l'arène guerrière. vous entrez dans la vie civile. Il faudra lutter de nouveau. Il faut toujours lutter.

Je vous supplie. N'oubliez pas l'enseignement de la guerre, l'organisation, la cohésion, la discipline nécessaires au triomphe d'une cause.

N'oubliez pas l'enseignement donné par ceux qui sont tombés.

Que la lutte d'après-guerre ne soit plus une lutte entre loups ; ne refaisons pas le mauvais combat de jadis ; peu à peu il nous détruisait.

Que cette calamité serve de leçon.

Vous rentrez ! que trouverez-vous ? En dehors de ceux qui se sont installés dans la guerre et que notre plume a flagellés, vous trouverez celles qui n'attendent plus personne !... Vous trouverez ceux qui n'espèrent plus rien de la vie et n'attendent que votre pitié : les mutilés ! les malades ! et ces pauvres gens que la guerre a touchés, dans leur corps et dans leurs biens : les envahis ! Vous trouverez tous ceux avec qui vous avez vécu des heures inoubliables : tous les genres, toutes les classes, toutes les situations sociales !

Qu'allez-vous faire ?

Vous n'aurez pas l'envie stérile et lâche.

Vous êtes des énergies et des noblesses !

Vous ferez l'accord ! Vous signerez le pacte !

Il y aura des confessions différentes, des idées divergentes !

Il y aura des riches et des pauvres ! il y aura tout le mélange des sociétés modernes !

Vous signerez le pacte !

Vous ferez entre vous les survivants la ligue sacrée pour vous défendre contre les parasites, pour vous défendre devant des profiteurs..., pour soutenir les veuves, les enfants, les malades.

Tous vous aurez à cœur d'être dans la France nouvelle, semblables à ces chevaliers d'autrefois ; dans vos devoirs il y aura les mêmes emblèmes !

Vous ne poserez pas le grand rail futuriste sur les pentes du Gaurisankar ! C'est un rêve de fous ! Ils nous bernent et se bernent eux-mêmes les insensés ! mais vous continuerez l'œuvre d'assainissement commencée. Vous l'achèverez !

Pour que dans ce pays saignant, blessé, mais renaissant un chant monte, monte sans cesse en se multipliant, chant où se mêleront tout ce qui fait les forces vives d'une nation : le travail, les sciences, les arts, la famille !

Le foyer : oui, l'oasis où les voyageurs fatigués sont heureux d'arriver... là, les palmiers ombreux... là, la source d'eau claire... là le repos...

Vous vous éloignerez des bruits vains de la foule et garderez fièrement entre les mains l'étendard de l'idéal !

Que ce soit aux champs, à l'usine ! que vous travaillez des mains ou du cerveau : que ce soit au village, à la ville ! que ce soit vers les horizons tristes ou dans les lointains ensoleillés... Gardez-le !

Oui, je le répète, la route sera longue, bordée d'ornières quand ce ne seront des ravins profonds, mais pour ceux qui ont la foi au cœur, l'énergie au corps, il y a un but à atteindre : l'humanité pour ceux qui y demeurent et Dieu pour ceux qui vont plus loin !

Sursum Corda !

TABLE DES MATIÈRES

IMP. JOUVE ET CIE, 15, RUE RACINE, PARIS — 5018-19

www.ingramcontent.com/pod-product-compliance
Lightning Source LLC
Chambersburg PA
CBHW052208270326
41931CB00011B/2268